BESTACTIVITYBOOKS.COM

Copyright © 2022 LINGUAS CLASSICS

PRIMA EDIZIONE 2022

Illustrazione Grafica Extra: www.freepik.com
Grazie a Alekksall, Starline, Pch.vector, Rawpixel.com,
Vectorpocket, Dgim-studio, Upklyak, Macrovector,
Stockgiu, Pikisuperstar & Freepik.com Designers

5 CONSIGLI PER INIZIARE

1) COME RISOLVERE LE PAROLE INTRECCIATTE

I puzzle hanno un formato classico:

- Le parole sono nascoste senza spazi o trattini,...
- Orientamento: Le parole possono essere scritte in avanti, indietro, verso l'alto, verso il basso o in diagonale (possono essere invertite).
- Le parole possono sovrapporsi o intersecarsi.

2) APPRENDIMENTO ATTIVO

Accanto ad ogni parola c'è uno spazio per scrivere la traduzione. Per incoraggiare l'apprendimento attivo, un **DIZIONARIO** alla fine di questa edizione vi permetterà di controllare e ampliare le vostre conoscenze. Cerca e scrivi le traduzioni, trovale nel puzzle e aggiungile al tuo vocabolario!

3) SEGNARE LE PAROLE

Puoi inventare il tuo sistema di segni. Forse ne usi già uno? Per esempio, puoi segnare le parole difficili da trovare con una croce, le parole preferite con una stella, le parole nuove con un triangolo, le parole rare con un diamante, e così via.

4) STRUTTURARE L'APPRENDIMENTO

Questa edizione offre un **TACCUINO** alla fine del libro. In vacanza, in viaggio o a casa, puoi organizzare facilmente le tue nuove conoscenze senza bisogno di un secondo quaderno!

5) AVETE FINITO TUTTE LE GRIGLIE?

Nelle ultime pagine di questo libro, nella sezione della **SFIDA FINALE**, troverete un gioco gratuito!

Facile e veloce! Dai un'occhiata alla nostra collezione di libri di attività per il tuo prossimo momento di divertimento e **apprendimento,** a portata di clic!

Trova la tua prossima sfida su:

BestActivityBooks.com/MioProssimoLibro

Ai vostri posti, pronti...Via!

Sapevi che ci sono circa 7.000 lingue diverse nel mondo? Le parole sono preziose.

Amiamo le lingue e abbiamo lavorato duramente per creare libri di altissima qualità. I nostri ingredienti?

Una selezione di argomenti adatti all'apprendimento, tre buone porzioni di intrattenimento, una cucchiaiata di parole difficili e una spolverata di parole rare. Li serviamo con amore e entusiasmo in modo che tu possa risolvere i migliori giochi di parole e divertirti imparando!

La vostra opinione è essenziale. Puoi partecipare attivamente al successo di questo libro lasciandoci un commento. Ci piacerebbe sapere cosa ti è piaciuto di più di questa edizione.

Ecco un link veloce alla pagina dell'ordine:

BestBooksActivity.com/Recensione50

Grazie per il vostro aiuto e buon divertimento!

Tutta la squadra

1 - Scacchi

ब	स	ग	उ	ठ	व	व	ब	न	र	◌ा	न	◌ी	प
ध	ल	इ	आ	ग	र	थ	व	◌ि	र	◌ो	ध	◌ी	◌्
च	म	◌ि	च	◌ै	◌ं	प	◌ि	य	न	इ	ल	ख	र
◌ु	न	प	द	ह	स	व	आ	म	ह	त	छ	प	त
न	व	य	ढ	◌ा	ल	ड	छ	प	ख	द	क	न	◌ि
◌ौ	◌ि	थ	घ	म	न	च	स	फ	◌े	द	◌ा	व	य
त	क	ष	ऊ	ऊ	ञ	त	म	ए	ल	ठ	ल	ख	◌ो
◌ि	र	ग	◌्	ण	त	◌ु	य	म	य	इ	◌ा	द	ग
य	◌्	ण	छ	क	उ	र	ण	न	◌ी	त	◌ि	फ	◌ि
◌ो	ण	छ	ल	घ	◌्	स	◌ा	उ	ध	ख	ब	ख	त
◌ं	फ	ण	य	त	ण	र	श	ज	र	र	य	फ	◌ा
इ	ड	ष	व	ग	ढ	ख	◌ि	ल	◌ा	ड	◌़	◌ी	अ
ट	ध	च	द	ढ	ढ	ऊ	ण	य	स	ख़	स	ख	◌ं
य	च	ट	◌ू	र	◌्	न	◌ा	म	◌े	◌ं	ट	ठ	क

विरोधी
सफेद
चैंपियन
प्रतियोगिता
विकर्ण
खिलाड़ी
खेल
चतुर
काला
निष्क्रिय
अंक
राजा
रानी
नियम
बलिदान
चुनौतियों
रणनीति
समय
टूर्नामेंट

2 - Aggettivi #2

ञ	म	न	स	ल	श	ञ	य	ब	प	उ	व	ज	व
प	◌्	र	◌ा	क	◌ृ	त	◌ि	क	◌्	त	म	◌ि	◌ि
ल	भ	त	ध	ट	द	श	ए	ग	र	◌्	व	म	श
स	◌ू	ख	◌ा	इ	क	फ	फ	ण	स	प	स	◌्	◌्
व	ख	ए	र	ट	ढ	◌ी	भ	ह	◌ि	◌ा	◌्	म	व
र	◌ा	च	ण	ष	ख	न	य	◌ा	द	द	व	◌े	स
◌्	द	◌ि	ल	च	स	◌्	प	ध	◌्	क	स	द	न
ण	व	ल	ण	ध	इ	द	ग	ल	ध	र	◌्	◌ा	◌ी
न	म	क	◌ी	न	श	र	ल	च	घ	स	थ	र	य
◌ा	◌ि	म	स	◌ु	र	◌ु	च	◌ि	प	◌ू	र	◌्	ण
त	ठ	ज	ग	व	ढ	स	द	ब	फ	ढ	च	ग	स
◌्	◌ा	ब	र	च	न	◌ा	त	◌्	म	क	द	ञ	ध
म	ई	◌ू	फ	र	उ	ऊ	फ	ह	ध	म	य	थ	ब
क	ध	त	श	ग	श	उ	ह	य	प	ह	व	स	ढ

भूखा
सूखा
विश्वसनीय
रचनात्मक
वर्णनात्मक
मिठाई
नाटकीय
सुरुचिपूर्ण
प्रसिद्ध
मजबूत
दिलचस्प
प्राकृतिक
साधारण
नया
गर्व
उत्पादक
शुद्ध
जिम्मेदार
नमकीन
स्वस्थ

3 - Pesca

प	◌ं	ख	न	ध	ज	ट	च	◌ा	र	◌ा	द	ष	स
त	स	थ	ब	◌ा	◌ै	ब	आ	ब	थ	आ	ट	ण	भ
ष	व	ज	न	ट	व	र	ड	छ	ख	अ	उ	र	छ
र	त	उ	छ	ऊ	ड	ए	◌्	◌़	य	त	प	ग	उ
स	म	◌ु	द	◌्	र	त	ट	य	◌ा	◌ि	क	ख	श
न	ध	य	ढ	ह	ल	◌ा	न	ऊ	ऊ	श	र	द	व
न	ड	ञ	उ	ग	ड	र	व	घ	श	य	ण	ऊ	व
र	स	ख	त	च	ध	द	ट	ञ	ध	◌ो	फ	ण	ख
च	◌ा	ध	स	छ	ड	ण	◌ो	न	न	क	न	ब	ढ
ञ	ग	◌ि	ल	◌्	स	द	क	म	ऊ	◌्	य	थ	च
ए	र	स	◌ो	इ	य	◌ा	र	थ	ऋ	त	◌ु	ड	य
ड	ऊ	ए	प	◌ा	न	◌ी	◌ी	आ	म	◌ि	ध	इ	ञ
घ	ऊ	म	ष	थ	ठ	ह	◌ु	क	व	फ	झ	◌ी	ल
ञ	न	द	◌ी	ट	आ	ध	उ	फ	द	ब	द	ऊ	ड

पानी
उपकरण
नाव
गिल्स
टोकरी
रसोइया
अतिशयोक्ति
चारा
तार
नदी
हुक
झील
जबड़ा
सागर
धैर्य
वजन
पंख
समुद्र तट
ऋतु

4 - Aggettivi #1

म	म	ह	त	◌्	व	◌ा	क	◌ा	◌ं	क	◌्	ष	◌ी
◌ू	ई	म	◌ा	न	द	◌ा	र	श	ठ	ढ	च	ध	ल
ल	म	म	उ	ख	फ	थ	ढ	प	भ	घ	ट	र	◌ं
◌्	ट	ह	प	उ	स	क	◌्	र	◌ि	य	म	ए	ब
य	ष	उ	त	◌्	त	म	ल	भ	व	फ	व	घ	◌ा
व	उ	थ	ल	◌्	न	फ	ड	◌ा	ए	ड	आ	ण	घ
◌ा	द	ऊ	◌ा	छ	व	◌ि	श	र	त	य	◌ु	व	◌ा
न	◌ा	इ	ब	ढ	ध	प	र	◌ी	भ	◌्	स	म	व
आ	र	व	◌ि	श	◌ा	ल	◌ू	प	ध	◌ी	म	◌ा	◌ि
ध	र	द	ष	ढ	इ	ब	स	र	◌े	आ	◌ा	क	द
◌ु	थ	द	आ	च	घ	ड	प	च	◌्	क	न	म	◌े
न	फ	छ	ल	इ	फ	◌़	ह	ख	म	ण	◌्	ठ	श
◌ि	द	घ	छ	ञ	ख	◌ा	घ	व	ल	ड	ख	ष	◌ी
क	ए	व	ख	◌ु	श	ब	◌ू	द	◌ा	र	ट	ल	न

महत्वाकांक्षी
खुशबूदार
कलात्मक
निरपेक्ष
सक्रिय
विशाल
विदेशी
उदार
युवा
बड़ा
समान
महत्वपूर्ण
धीमा
लंबा
आधुनिक
ईमानदार
उत्तम
भारी
मूल्यवान
पतला

5 - Geologia

क	ट	◌ा	व	भ	◌ू	क	◌ं	प	प	र	त	प	प
◌ै	◌्	ण	ध	घ	ठ	ख	न	◌ि	ज	ह	य	◌ि	ठ
ल	म	र	क	◌्	व	◌ा	र	◌्	ट	◌्	ज	घ	◌ा
◌्	ह	ल	◌ि	प	ए	ख	म	ए	भ	फ	प	ल	र
श	◌ा	ख	◌ा	स	त	ण	फ	स	ग	◌ु	फ	◌ा	ज
◌ि	द	श	ण	व	◌्	◌्	स	◌ि	प	घ	व	ह	◌्
य	◌्	भ	आ	ध	◌ा	ट	थ	ड	प	त	च	◌ु	व
म	व	व	न	त	थ	आ	ल	र	क	च	ह	आ	◌ा
ष	◌ी	स	◌्	ट	◌ै	ल	◌े	क	◌्	ट	◌ि	ट	ल
ष	प	प	फ	ख	आ	घ	फ	म	ष	थ	ख	ग	◌ा
य	श	उ	य	स	स	थ	न	◌ू	◌े	ल	फ	त	म
ज	◌ी	व	◌ा	श	◌्	म	म	◌ं	त	ऊ	ब	उ	◌ु
द	ब	ड	घ	च	च	ए	क	ग	◌्	ऊ	ध	थ	ख
ग	भ	ऊ	ल	न	ण	ञ	ब	◌ा	र	ए	र	ध	◌ी

एसिड
पठार
कैल्शियम
गुफा
महाद्वीप
मूंगा
क्रिस्टल
कटाव
जीवाश्म
पिघला हुआ
लावा
खनिज
पत्थर
क्वार्ट्ज
नमक
स्टैलेक्टिट
परत
भूकंप
ज्वालामुखी
क्षेत्र

6 - Campeggio

द	श	प	उ	छ	ठ	य	च	स	प	ष	ख	झ	ऊ
ञ	ल	ड	◌ृ	घ	झ	◌ू	ल	◌ा	म	ह	ज	◌ी	द
व	ग	फ	ह	र	आ	फ	ञ	ह	ज	ए	◌ा	ल	ड
न	क	◌ृ	श	◌ा	क	ल	द	स	◌़	न	न	ड	थ
प	च	ण	◌ि	ग	इ	◌ृ	म	◌ि	◌ा	य	व	ए	◌़
◌े	न	ऊ	क	ट	श	ण	त	क	ख	भ	र	ढ	थ
ड	ष	र	◌ा	आ	त	प	ट	◌ि	ए	उ	◌ो	ल	द
◌़	य	ष	र	उ	ग	द	◌ो	आ	ल	ह	◌ं	थ	च
स	ब	ग	क	ऊ	ख	म	प	क	◌े	ब	◌ि	न	◌ा
उ	भ	न	र	स	◌ृ	स	◌ी	ड	◌ो	◌ं	ग	◌ी	◌ँ
आ	फ	उ	न	द	◌ि	क	◌ृ	स	◌ू	च	क	च	द
ष	ड	ण	◌ा	त	◌ं	ब	◌ू	प	त	य	ग	ख	घ
ञ	द	आ	द	ट	द	स	य	क	◌ी	ट	ढ	ष	ष
छ	ड	ऊ	ण	स	छ	ब	छ	च	र	ट	र	ख	च

पेड़
झूला
जानवरों
साहसिक
दिक्सूचक
केबिन
शिकार करना
डोंगी
टोपी
रस्सी

मज़ा
वन
आग
कीट
झील
चाँद
नक्शा
पहाड़
प्रकृति
तंबू

7 - Arti Visive

क	ब	प	ष	ह	ख	य	स	च	◌ा	क	फ	म	फ
◌ृ	च	र	च	न	◌ा	र	◌्	◌ि	व	ल	◌ि	◌ि	च
त	च	◌ि	ड	त	ढ	ग	ट	त	◌ा	◌ा	ल	ट	◌ि
◌ि	म	प	त	ट	ञ	ठ	◌ै	◌्	र	क	◌्	◌्	त
प	ब	◌्	र	◌्	ठ	प	◌ं	र	◌्	◌ा	म	ट	◌्
◌े	ख	र	म	च	र	ञ	स	फ	न	र	च	◌ी	र
◌ं	ट	◌े	ख	◌ू	न	न	◌ि	ल	◌ि	ह	ञ	प	क
स	भ	क	आ	ख	र	◌ा	ल	क	श	ग	ठ	न	◌ा
◌ि	आ	◌्	क	ल	म	◌्	त	स	◌्	व	◌ी	र	र
ल	ण	ष	ञ	फ	आ	छ	त	◌्	ब	श	ब	म	◌ी
व	द	◌्	य	ए	ञ	ग	इ	◌ि	म	च	य	इ	ड
च	छ	य	ध	च	ठ	फ	भ	ख	क	क	म	◌ो	म
व	◌ा	स	◌्	त	◌ु	क	ल	◌ा	ह	ल	त	आ	आ
र	व	इ	ल	थ	ए	म	ऊ	ऊ	स	ष	◌ा	◌ा	ग

वास्तुकला
मिट्टी
कलाकार
कृति
चित्रफलक
मोम
रचना
रचनात्मकता
फिल्म
तस्वीर
चाक
पेंसिल
कलम
चित्रकारी
परिप्रेक्ष्य
चित्र
मूर्तिकला
स्टेंसिल
वार्निश

8 - Esplorazione

फ	न	ऊ	ध	थ	ग	त	◌ि	व	◌ि	ध	◌ि	अ	फ
ट	ड	ठ	व	ध	क	ऊ	द	थ	ख	इ	ष	◌ं	इ
ट	द	ए	ल	ग	ज	◌ा	न	व	र	◌ो	◌ं	त	द
य	◌ा	त	◌्	र	◌ा	ध	व	द	ब	ब	इ	र	◌ृ
ह	ढ	भ	ख	व	व	छ	इ	ट	म	घ	घ	◌ि	ढ
ढ	छ	थ	ण	आ	र	व	ल	ण	र	ध	आ	क	◌़
ज	◌ं	ग	ल	◌ी	ख	◌ो	ज	ध	ब	र	च	◌्	न
स	◌ं	स	◌्	क	◌ृ	त	◌ि	य	◌ो	◌ं	उ	ष	◌ि
स	ड	फ	ड	ज	छ	आ	र	ध	ढ	फ	त	न	श
◌ा	भ	म	ढ	थ	◌ो	छ	ख	◌ो	ष	छ	◌्	ए	◌्
ह	◌ू	ठ	न	य	◌ा	ख	इ	व	◌ं	त	स	छ	च
स	भ	य	ए	ख	म	उ	◌ि	द	छ	त	◌ा	उ	य
भ	◌ा	ष	◌ा	ऊ	थ	भ	म	म	ड	ड	ह	य	न
ह	ग	भ	ट	ह	अ	न	ज	◌ा	न	श	द	र	ष

जानवरों
गतिविधि
साहस
संस्कृतियों
दृढ़ निश्चय
उत्साह
थकावट
भाषा
नया
खतरों
जोखिम
अनजान
खोज
जंगली
अंतरिक्ष
भूभाग
यात्रा

9 - Tempo

ग	क	न	न	न	थ	क	स	द	◌ी	ऊ	र	फ	त
य	◌े	◌ै	य	य	ए	ल	घ	ड	◌़	◌ी	च	फ	प
ब	ब	घ	ल	ल	उ	त	व	◌ं	स	◌ु	ब	ह	न
छ	◌ा	ठ	इ	◌े	न	य	र	ध	ट	व	व	घ	ट
प	द	ड	च	इ	◌ं	ण	◌्	ञ	ष	◌ा	स	थ	इ
स	◌ि	ढ	व	ऊ	स	ड	ष	ण	ऊ	र	प	घ	ब
द	न	आ	आ	ए	म	स	र	◌ा	त	◌्	◌्	न	ष
◌ो	आ	ज	ढ	ञ	ण	भ	◌े	प	द	ष	त	स	फ
प	भ	व	◌ि	ष	◌्	य	व	प	ब	◌ि	◌ा	न	ध
ह	त	म	इ	ख	फ	आ	आ	ल	ह	क	ह	र	द
र	ध	ऊ	म	◌ि	न	ट	च	स	थ	ल	घ	ष	भ
म	ह	◌ी	न	◌ा	र	द	भ	ढ	फ	ण	◌े	द	म
ञ	ल	प	प	ग	ध	श	फ	आ	ष	इ	ए	फ	भ
ड	श	स	आ	फ	व	क	द	ग	ह	ड	ब	स	ए

वर्ष
वार्षिक
कैलेंडर
दशक
के बाद
भविष्य
दिन
कल
सुबह
महीना
दोपहर
मिनट
पल
रात
आज
घंटा
घड़ी
इससे पहले
सदी
सप्ताह

10 - Astronomia

द	◌ू	र	ब	◌ी	न	श	ब	न	म	छ	य	उ	प
ख	ग	◌ो	ल	व	◌ि	ज	◌्	ञ	◌ा	न	◌ी	म	◌ृ
ल	द	ब	◌्	र	ह	◌्	म	◌ा	◌ं	ड	ल	इ	थ
उ	व	◌े	ध	श	◌ा	ल	◌ा	श	र	घ	ल	स	◌्
आ	ल	स	◌ु	प	र	न	◌ो	व	◌ा	आ	व	◌ं	व
ग	क	◌्	च	ड	◌ि	र	ख	य	श	ठ	ष	स	◌ी
◌्	त	◌ा	क	ए	क	ध	श	ञ	◌ि	आ	क	◌ा	श
र	व	द	श	◌ा	◌ा	र	◌ॉ	क	◌े	ट	ट	र	स
ह	त	श	ब	ग	च	ल	च	◌ा	◌ँ	द	थ	ष	थ
न	र	ग	ग	ट	◌ं	न	क	◌्	ष	त	◌्	र	व
ल	य	ट	म	छ	र	ग	य	थ	व	ए	आ	ख	◌ि
ग	◌ु	र	◌ु	त	◌्	व	◌ा	क	र	◌्	ष	ण	ष
च	क	◌्	ष	◌ु	द	◌्	र	ग	◌्	र	ह	द	◌ु
म	य	व	◌ि	क	◌ि	र	ण	ट	ड	ग	थ	ग	व

क्षुद्रग्रह
खगोल विज्ञानी
आकाश
ब्रह्मांड
नक्षत्र
विषुव
आकाशगंगा
गुरुत्वाकर्षण
चाँद
उल्का

निहारिका
वेधशाला
ग्रह
विकिरण
रॉकेट
सुपरनोवा
दूरबीन
पृथ्वी
संसार
राशि

11 - Circo

प	ढ	ए	ख	प	ठ	च	भ	म	ण	ज	◌ा	द	◌ू
◌ो	ड	ग	ट	प	ध	म	घ	छ	ब	ह	इ	र	द
श	च	◌ु	ज	◌ि	न	न	ट	य	ल	◌ा	ध	◌्	ग
◌ा	ट	ब	◌ो	◌ा	क	ण	र	ध	इ	थ	घ	श	छ
क	च	◌्	क	ऊ	न	ट	छ	च	र	◌ी	छ	क	च
ट	ह	ब	र	ञ	ज	व	ब	◌ं	द	र	ल	घ	ऊ
छ	श	◌ा	न	द	◌ा	र	र	ख	र	क	ढ	आ	छ
ब	प	र	◌े	ड	द	त	ञ	◌ो	स	◌ै	ड	थ	च
छ	ए	◌े	ध	द	◌ू	थ	ड	फ	◌ं	◌ं	इ	र	ड
घ	ह	र	ऊ	घ	ग	ध	आ	ध	ग	ड	ड	द	य
च	ञ	उ	ऊ	य	र	उ	श	स	◌ी	◌ी	त	इ	ट
ब	◌ा	ज	◌ी	ग	र	श	उ	ञ	त	◌ं	ब	◌ू	श
व	उ	छ	छ	य	ड	भ	श	◌े	र	म	ढ	ढ	ख
ढ	आ	य	छ	थ	ञ	य	घ	ल	ऊ	प	फ	द	य

नट
जानवरों
टिकट
कैंडी
जोकर
पोशाक
हाथी
बाजीगर
शेर
जादू
जादूगर
संगीत
गुब्बारे
परेड
बंदर
शानदार
दर्शक
तंबू
बाघ
छल

12 - Mitologia

स	◌ृ	ज	न	ड	ब	ि◌	ज	ल	◌ी	थ	व	भ	ह
ज	◌ं	त	◌ु	ढ	इ	ए	द	स	ए	आ	र	ष	ध
द	च	स	व	◌्	य	व	ह	◌ा	र	य	ह	श	भ
◌ं	◌े	ण	◌्	छ	व	व	आ	य	श	◌ो	ड	व	◌ू
त	ञ	व	स	क	ल	य	ब	उ	ख	द	ए	ऊ	ल
क	न	ह	त	घ	◌ृ	ल	न	म	न	◌्	त	ड	भ
थ	आ	प	द	◌ा	भ	त	ट	ठ	इ	ध	त	र	◌ु
◌ा	ख	ब	द	ल	◌ा	य	ि◌	ड	त	◌ा	क	त	ल
र	◌ा	क	◌्	ष	स	ज	न	◌ा	य	क	द	व	◌ै
म	इ	ख	य	ह	इ	◌ा	च	श	ग	र	ज	श	य
च	छ	ठ	इ	घ	र	द	ई	र	◌्	ष	◌्	य	◌ा
त	ञ	द	आ	न	ण	◌ु	घ	फ	च	व	ह	घ	न
ट	आ	ग	ए	व	आ	ई	ऊ	घ	अ	म	र	त	◌ा
स	द	ध	म	◌ू	ल	र	◌ू	प	आ	द	र	◌्	श

मूलरूप आदर्श
व्यवहार
जंतु
सृजन
संस्कृति
आपदा
देवता
नायक
ताकत
बिजली
ईर्ष्या
योद्धा
अमरता
भूलभुलैया
दंतकथा
जादुई
नश्वर
राक्षस
गरज
बदला

13 - Piante

च	व	घ	ष	फ	ग	म	क	ब	प	ख	उ	व	ब
प	ल	ए	स	◌ू	र	◌्	य	◌ा	उ	त	र	न	◌ु
त	ए	श	ण	ल	ण	ख	आ	◌ं	ई	स	◌्	र	श
◌्	ठ	प	त	◌्	त	◌ा	इ	स	ण	म	व	त	व
त	त	ध	श	ब	ठ	घ	व	◌े	ढ	र	र	छ	◌े
◌ी	फ	प	इ	ए	छ	ल	◌ी	म	त	घ	क	म	ऊ
व	ट	ब	◌े	र	◌ी	ष	घ	च	द	ट	घ	व	क
च	इ	ढ	ग	च	इ	थ	ल	ऊ	ब	च	ड	ख	◌ै
ज	ड	◌़	घ	ग	द	ड	फ	स	घ	प	च	ढ	क
श	व	न	स	◌्	प	त	◌ि	आ	घ	ल	ष	म	◌्
घ	च	◌ा	ब	ग	◌ी	च	◌ा	ध	प	◌े	ड	◌़	ट
ऊ	◌ा	ह	ञ	फ	ए	उ	फ	ध	ग	ग	न	न	स
ह	फ	स	ड	ब	च	ट	च	उ	स	ठ	ब	ख	भ
आ	प	य	छ	ब	र	थ	इ	य	म	फ	ख	म	ध

पेड़
बेरी
बांस
कैक्टस
बुश
बढ़ना
आइवी
घास
सेम
उर्वरक
फूल
पत्ता
पत्ते
वन
बगीचा
काई
पत्ती
जड़
सूर्य
वनस्पति

14 - Spezie

क	ञ	ब	ल	म	ट	ल	ष	स	◌ौ	◌ं	फ	ज	घ
ध	◌े	ऊ	च	ह	ल	◌्	द	◌ी	स	फ	घ	◌ा	ग
व	घ	स	श	स	स	ख	ख	ट	◌्	ट	◌ा	य	य
य	व	ब	र	द	क	◌ु	ट	न	व	ल	श	फ	ष
ध	न	◌ि	य	◌ा	र	प	न	द	◌ा	च	आ	ल	ठ
ट	◌ी	श	ल	ल	◌ी	ह	◌्	◌्	द	भ	द	फ	छ
इ	ल	◌ा	य	च	◌ी	द	ठ	य	त	ञ	आ	ठ	ए
ऊ	◌ा	ग	प	◌ी	ट	ड	द	प	◌ा	य	ठ	ल	च
उ	ऊ	इ	म	न	म	क	ऊ	◌ा	ह	ज	ऊ	ड	ऊ
ण	ढ	व	त	◌ी	ग	ब	द	न	य	◌ी	क	म	भ
भ	य	अ	य	भ	आ	य	च	ट	य	र	ड	◌ि	ए
ब	श	द	थ	ख	ञ	म	व	ह	थ	◌ा	◌़	ठ	र
म	◌ि	र	◌्	च	फ	ट	व	ठ	ढ	व	व	◌ा	म
थ	ऊ	क	श	घ	आ	ध	आ	व	भ	ठ	◌ा	ई	ए

खट्टा
लहसुन
कड़वा
दालचीनी
इलायची
प्याज
धनिया
जीरा
हल्दी
करी
मिठाइ
सौंफ
स्वाद
नद्यपान
जायफल
मिर्च
नमक
वनीला
केसर
अदरक

15 - Numeri

व	ख	ह	फ	छ	फ	ब	य	श	न	ख	च	ड	ढ
ऊ	फ	त	आ	ह	म	स	◌ो	ल	ह	ठ	ट	ल	आ
ए	य	ग	त	ख	ऊ	ख	द	ञ	प	घ	व	म	फ
ब	इ	त	ड	य	ग	द	न	ब	उ	ट	ह	म	ट
◌ी	ब	ट	त	◌े	र	ह	ढ	श	द	ट	ख	द	ह
स	त	◌्	र	ह	ड	द	ह	द	त	ख	ठ	◌ो	इ
प	◌ा	◌ं	च	ब	ठ	श	म	फ	इ	ञ	श	ह	द
ड	ख	त	ट	इ	य	म	छ	इ	इ	ब	प	ल	स
स	ब	च	◌ौ	द	ह	ल	ञ	ल	श	ग	◌ं	श	ष
च	◌ा	र	भ	त	त	व	फ	ब	ढ	प	द	ह	ढ
द	र	उ	न	◌्	न	◌ी	स	ग	घ	त	◌्	ञ	आ
ट	ह	ड	ष	◌ौ	ब	ठ	न	ल	ढ	व	र	ध	ख
ठ	त	श	◌ू	न	◌्	य	ठ	भ	थ	ब	ह	ड	ठ
ऊ	भ	आ	ठ	थ	अ	ठ	◌ा	र	ह	ए	ण	त	द

पांच
दशमलव
उन्नीस
सत्रह
अठारह
दस
बारह
दो
नौ
आठ
चौदह
चार
पंद्रह
सोलह
छह
सात
तीन
तेरह
बीस
शून्य

16 - Cioccolato

स	◌ु	ग	◌ं	ध	म	च	म	ट	ष	प	प	श	भ
र	न	श	ए	य	व	स	◌ृ	घ	ब	◌्	ह	ए	प
न	ग	ग	ऊ	ठ	य	ण	◌ं	उ	व	र	उ	◌ं	ब
घ	य	न	ल	ल	ऊ	छ	ग	ल	◌ि	◌ि	घ	ट	क
व	य	थ	ए	ष	ण	ध	फ	फ	द	य	ध	◌ी	स
क	◌ै	◌ं	ड	◌ी	ध	प	ल	छ	◌े	फ	ल	ऑ	म
उ	ढ	प	◌ा	उ	ड	र	◌ी	र	श	क	◌ो	क	◌ो
स	◌्	व	◌ा	द	◌ि	ष	◌्	ट	◌ी	श	प	◌्	थ
◌्	न	ऊ	ढ	आ	क	ड	◌़	व	◌ा	श	श	स	भ
व	व	◌ा	ड	उ	ल	◌ु	म	◌ि	ठ	◌ा	ई	◌ी	ड
◌ा	च	◌ि	र	स	य	ड	ट	च	◌ी	न	◌ी	ड	ख
द	ट	म	ध	◌ि	च	ठ	ट	◌ी	ट	ड	आ	◌े	प
व	म	न	ऊ	◌ि	य	ख	ह	ण	र	व	भ	◌ं	र
छ	च	श	छ	क	◌ै	ल	◌ो	र	◌ी	ख	म	ट	ख

कड़वा
एंटीऑक्सीडेंट
मूंगफली
सुगंध
कुटीर
कोको
कैलोरी
कैंडी
स्वादिष्ट
मिठाइ
विदेशी
स्वाद
घटक
नारियल
पाउडर
प्रिय
विधि
चीनी

17 - Guida

फ	म	ध	ब	ब	ञ	स	ग	म	म	प	र	ह	उ
थ	◌ो	ह	त	स	◌्	ब	फ	ढ	ग	◌ै	र	◌े	ज
घ	ट	ख	ह	ख	य	र	इ	ख	स	द	ग	द	ख
ल	र	म	ख	ऊ	◌ा	ढ	◌े	ण	ए	ल	त	◌ु	ह
◌ा	ठ	◌ो	य	फ	त	ठ	व	क	न	य	◌ि	र	र
इ	स	ट	श	ण	◌ा	ग	भ	आ	क	◌ा	ण	◌्	ए
स	◌ु	र	◌ं	ग	य	ञ	◌ै	द	◌्	त	य	घ	ग
◌े	र	स	न	ल	◌ा	फ	थ	स	श	◌्	ऊ	ट	ग
◌ं	क	◌ा	इ	प	त	इ	थ	स	◌ा	र	भ	न	ह
स	◌्	इ	ख	त	र	◌ा	न	व	स	◌ी	द	◌ा	न
ग	ष	क	घ	ब	ञ	◌ि	प	◌ु	ल	◌ि	स	र	य
छ	◌ा	◌ि	क	ट	व	स	व	ए	ई	◌ं	ध	न	इ
ष	ख	ल	◌ा	ड	व	ख	उ	ह	ख	ल	त	आ	ठ
उ	ठ	ञ	र	स	ड	◌़	क	य	न	श	भ	ह	उ

कार
बस
ईंधन
ब्रेक
गैरेज
गैस
दुर्घटना
लाइसेंस
नक्शा
मोटरसाइकिल
मोटर
पैदल यात्री
खतरा
पुलिस
सुरक्षा
सड़क
यातायात
परिवहन
सुरंग
गति

18 - Sport

ज	◌ि	म	न	◌ा	स	◌्	ट	◌ि	क	म	ऊ	घ	थ
ट	◌े	न	◌ि	स	य	र	च	इ	त	◌ो	ख	य	ल
ए	ह	ठ	य	म	ढ	र	◌ै	ग	ध	ट	च	फ	ऊ
स	◌ा	इ	क	◌ि	ल	म	म	व	छ	ग	ष	उ	व
ब	ग	उ	ष	ञ	ल	आ	◌्	भ	आ	श	स	ड	घ
◌ा	ल	स	आ	ध	फ	ष	प	ल	र	र	ब	उ	श
स	प	न	◌्	उ	ग	त	◌ि	ग	ञ	ह	भ	ञ	र
◌्	ड	ए	ट	ट	ख	प	य	◌ो	य	ख	ल	फ	◌े
क	स	ण	ख	◌ी	◌े	ग	न	ल	घ	श	ऊ	ख	फ
◌े	प	श	ल	म	ल	ड	श	◌्	ब	स	घ	आ	र
ट	ब	◌े	स	ब	◌ॉ	ल	◌ि	फ	ह	फ	म	य	◌ी
ब	व	◌ि	ज	◌े	त	◌ा	प	य	प	ष	ब	आ	म
◌ॉ	ण	श	व	◌्	य	◌ा	य	◌ा	म	श	◌ा	ल	◌ा
ल	ह	◌ॉ	क	◌ी	ह	न	ख	◌ि	ल	◌ा	ड	◌़	◌ी

कोच
रेफरी
बेसबॉल
बास्केटबॉल
साइकिल
चैम्पियनशिप
जिमनास्टिक
खिलाड़ी
खेल
गोल्फ
हॉकी
गति
व्यायामशाला
टीम
स्टेडियम
टेनिस
विजेता

19 - Giocattoli

ड	प	◌ु	स	◌्	त	क	◌े	◌ं	प	ट	◌्	र	क
प	◌्	र	◌ि	य	र	य	प	प	ह	◌्	ञ	◌ो	◌ा
न	स	र	प	प	र	ट	ब	र	◌े	र	ह	ब	र
थ	◌ा	ग	म	ष	ब	ख	च	फ	ल	◌े	ग	◌ो	भ
त	इ	व	श	◌ि	ल	◌्	प	थ	◌ी	न	य	ट	आ
ध	क	ल	छ	त	व	◌ि	म	◌ा	न	प	◌े	◌ं	ट
त	◌ि	ड	च	य	र	ठ	ए	य	घ	ग	भ	ट	य
ह	ल	ञ	ग	ल	च	◌ं	ष	इ	ष	◌े	द	आ	ञ
ञ	इ	छ	◌ु	ख	उ	श	ज	आ	म	◌ं	ड	द	ञ
ण	थ	ल	ड	◌े	ऊ	ध	ल	च	◌ि	द	ष	इ	ऊ
आ	थ	स	◌़	ल	प	त	◌ं	ग	ट	ड	घ	त	ग
ढ	ण	ड	◌ि	इ	घ	फ	क	ल	◌्	प	न	◌ा	फ
ख	त	ख	य	भ	इ	द	श	म	ट	श	घ	ह	द
श	त	व	◌ा	व	द	ए	व	ह	◌ी	ग	व	श	ह

विमान
पतंग
मिट्टी
शिल्प
कार
गुड़िया
नाव
ड्रम
साइकिल
ट्रक
खेल
कल्पना
पुस्तकें
गेंद
प्रिय
पहेली
रोबोट
शतरंज
ट्रेन
पेंट

20 - Strumenti di Cottura

प	इ	ञ	ढ	ञ	य	इ	ल	थ	ब	ट	ओ	व	न
◌ि	ण	छ	ल	छ	ठ	ञ	व	म	क	◌ा	◌ं	ट	◌ा
स	ढ	च	फ	न	थ	ठ	ब	म	ट	◌े	थ	भ	म
◌ा	ढ	◌ा	फ	◌्	र	◌ि	ज	आ	ल	स	त	ग	न
ई	ठ	क	भ	न	आ	आ	ग	फ	र	ल	ट	ल	उ
य	र	◌ू	ब	◌ी	ढ	थ	त	क	◌ी	च	ष	ट	◌ी
◌ं	उ	य	क	न	ष	ण	फ	◌ो	स	◌्	ट	◌ो	व
त	ए	ख	ल	◌ै	उ	उ	ल	ल	ध	त	फ	स	न
◌्	ब	व	ए	ढ	◌ं	फ	च	◌ं	ऊ	द	ध	◌्	श
र	ठ	उ	य	ठ	य	च	ठ	ड	च	फ	ह	ट	थ
न	ख	च	ख	म	ठ	र	◌ो	र	य	म	ट	र	घ
थ	र	◌्	म	◌ा	म	◌ी	ट	र	ञ	ल	◌्	स	आ
म	ड	भ	ढ	क	◌्	क	न	◌ं	ड	आ	र	म	ब
ज	◌ू	स	र	छ	उ	स	ख	ग	उ	न	व	श	च

केतली
कोलंडर
चाकू
ढक्कन
चम्मच
छन्नी
कैंची
कांटा
ओवन
फ्रिज
पिसाई यंत्र
कटलरी
रंग
जूसर
स्टोव
थर्मामीटर
टोस्टर

21 - Uccelli

क	ई	ह	स	ख	फ	च	उ	ठ	ग	ण	द	श	उ
म	ब	ग	◌ु	ल	◌ा	◌ि	ल	ल	◌ौ	भ	ढ	◌ु	ब
◌ो	◌ू	◌ू	ल	ख	न	क	◌्	ल	र	म	र	त	◌ा
र	ब	र	त	प	व	न	ल	क	◌ै	घ	ढ	◌ु	ज़
ञ	द	ख	◌्	र	इ	ड	◌ू	◌ो	य	ल	आ	र	म
स	छ	ब	त	ख	ठ	स	ल	य	◌ा	प	उ	म	श
घ	ष	म	म	ढ	म	घ	म	ल	व	ऊ	व	◌ु	ग
ह	व	◌ा	स	◌ी	ल	न	ए	व	इ	य	इ	र	ड
त	ह	र	ग	ठ	र	उ	◌ु	आ	ए	छ	स	◌्	ह
य	ण	त	ह	भ	◌ा	ग	भ	ष	ह	घ	◌ा	ग	ढ
ढ	भ	◌ो	◌ं	ह	ज	ञ	र	न	◌्	य	र	ष	व
र	स	त	स	न	ह	ञ	ग	र	ह	य	स	र	घ
फ	ट	◌ा	ऊ	ग	◌ं	प	◌े	◌ं	ग	◌ु	इ	न	इ
ट	◌ू	क	◌े	न	स	प	ल	ट	थ	अ	◌ं	ड	◌ा

बगुला
बतख
ईगल
सारस
हंस
कोयल
बाज़
राजहंस
मूर्ख मनुष्य
उल्लू
तोता
गौरैया
मोर
हवासील
कबूतर
पेंगुइन
चिकन
शुतुरमुर्ग
टूकेन
अंडा

22 - Giorni e Mesi

फ	ग	ठ	ख	ह	द	श	◌ु	क	◌्	र	व	◌ा	र
र	थ	ग	श	न	◌ि	व	◌ा	र	ज	न	व	र	◌ी
व	व	ए	ऊ	ह	स	च	स	◌ो	म	व	◌ा	र	श
र	व	◌ि	ब	ह	◌ं	थ	भ	उ	म	◌ं	ण	ए	क
◌ी	ल	य	व	ठ	ब	ग	द	आ	ठ	ब	ब	ष	◌ै
म	ह	◌ी	न	◌ा	र	द	ग	य	ब	र	ब	थ	ल
◌ं	ठ	ब	ञ	ल	र	श	फ	ज	◌ु	ल	◌ा	ई	◌े
ग	ख	◌ु	भ	ट	स	प	◌्	त	◌ा	ह	र	अ	◌ं
ल	द	ध	ख	ठ	◌ि	अ	इ	श	ब	थ	व	प	ड
व	ठ	व	ख	इ	त	प	ग	ढ	ग	छ	र	◌्	र
◌ा	त	◌ा	ट	ड	◌ं	छ	ल	स	त	च	◌्	र	ऊ
र	आ	र	ज	ग	ब	स	ग	भ	◌्	ह	ष	◌ै	ऊ
ल	ब	य	ध	◌ू	र	इ	द	त	उ	त	र	ल	र
च	ढ	र	ए	ण	न	अ	क	◌्	ट	◌ू	ब	र	ध

अगस्त
वर्ष
अप्रैल
कैलेंडर
दिसंबर
रविवार
फरवरी
जनवरी
जून
जुलाई

सोमवार
मंगलवार
बुधवार
महीना
नवंबर
अक्टूबर
शनिवार
सितंबर
सप्ताह
शुक्रवार

23 - Casa

फ	ठ	ड	ब	झ	च	आ	इ	द	◌ी	प	क	ञ	न
घ	थ	घ	◌ौ	छ	◌ा	◌ि	थ	ञ	भ	छ	क	फ	श
ढ	प	ह	छ	ख	फ	ड	म	ख	ट	ख	◌्	ब	ग
ह	ग	भ	◌ा	ख	ख	म	◌़	न	द	भ	ष	ञ	ढ
त	ल	य	र	न	य	म	ष	◌ू	◌ी	ख	ख	इ	व
त	◌ी	प	◌ु	स	◌्	त	क	◌ा	ल	य	ब	न	ढ
म	च	र	द	ख	क	◌ु	◌ं	ज	◌ी	इ	ग	ल	ढ
ट	◌ा	च	र	◌ि	न	इ	अ	ट	◌ा	र	◌ी	ग	द
ब	य	घ	◌्	ड	ग	ड	ल	ञ	स	त	च	छ	◌ी
प	◌ा	ड	प	◌़	◌ै	प	र	भ	भ	र	◌ा	ड	व
च	ध	ड	ण	क	र	भ	ग	छ	ध	ण	न	य	◌ा
ठ	उ	य	◌़	◌ी	◌े	ड	घ	त	ड	त	ट	ड	र
ञ	न	फ	व	ल	ज	म	व	य	ग	ट	ए	इ	ख
ब	प	र	स	◌ो	ई	द	र	व	◌ा	ज	◌ा	द	द

अटारी
पुस्तकालय
कक्ष
चिमनी
कुंजी
रसोई
बौछार
खिड़की
गैरेज
बगीचा
दीपक
दीवार
तल
दरवाजा
बाड़
नल
झाड़
दर्पण
गलीचा
छत

24 - Ristorante #1

र	म	व	इ	म	स	ा	ल	े	द	ा	र	व	ख
घ	ह	य	ऊ	ि	क	ॉ	फ	़	ी	व	ष	ऊ	ज
म	च	ए	छ	ठ	ष	भ	च	र	ो	ट	ी	ए	ा
च	ा	ख	ल	ा	व	े	ट	्	र	े	स	ल	ं
त	क	ं	छ	ई	ध	ए	न	न	स	भ	य	र	च
च	ू	ख	स	र	ह	छ	ी	ै	ो	थ	ो	्	ी
स	ा	म	ग	्	र	ी	य	प	ई	च	व	ज	भ
थ	य	भ	न	त	त	ण	ख	क	ड	द	स	ी	न
म	े	न	्	य	ू	आ	त	ि	छ	घ	ड	प	व
द	फ	ख	त	भ	त	श	र	न	इ	ख	आ	्	इ
ञ	ऊ	त	इ	ब	ठ	च	ि	क	न	ड	ह	ल	प
ञ	ग	य	र	च	ञ	ञ	छ	उ	्	न	त	े	ट
क	ट	ो	र	ा	छ	प	य	घ	ण	ष	त	ट	ग
घ	त	ड	ण	ख	श	भ	द	व	घ	ल	ण	र	म

एलर्जी
कॉफ़ी
वेट्रेस
मांस
खजांची
भोजन
कटोरा
चाकू
रसोई
मिठाई
सामग्री
मेन्यू
रोटी
प्लेट
मसालेदार
चिकन
आरक्षण
चटनी
नैपकिन

25 - Fantascienza

ऊ	च	प	ऊ	ब	द	ण	श	छ	र	ट	ग	ष	भ
ग	इ	र	ठ	थ	ण	म	द	◌ा	न	◌ो	फ	ण	◌्
ष	थ	म	थ	च	म	र	न	ञ	न	स	ब	ह	र
प	च	◌ा	य	स	◌ि	न	◌े	म	◌ा	द	ध	◌ो	म
प	ह	ण	थ	ह	म	द	घ	ण	त	ष	◌ा	च	ट
आ	◌ु	◌ु	◌ा	ग	ष	◌ु	ए	ञ	ष	ग	छ	र	व
ढ	ध	स	र	ष	ष	न	आ	ग	◌्	र	ह	म	◌ि
क	◌ा	ल	◌्	प	न	◌ि	क	भ	ष	ण	व	प	स
उ	ल	श	थ	त	ह	य	◌ा	छ	ढ	ब	य	ण	◌्
फ	ट	श	व	आ	क	◌ा	श	व	◌ा	ण	◌ी	द	फ
छ	ष	ल	◌ा	घ	र	◌े	ग	उ	ड	ऊ	च	ह	◌ो
र	ण	श	द	ह	भ	आ	◌ं	छ	प	ष	ख	ए	ट
ड	फ	इ	◌ी	ल	र	य	ग	म	द	ल	र	इ	व
र	ह	स	◌्	य	म	य	◌ा	ड	इ	ञ	ह	ञ	फ

परमाणु
सिनेमा
विस्फोट
चरम
शानदार
आग
आकाशगंगा
भ्रम
काल्पनिक
पुस्तकें
रहस्यमय
दुनिया
आकाशवाणी
ग्रह
यथार्थवादी
रोबोट

26 - Città

फ	◌ा	र	◌्	म	◌े	स	◌ी	घ	स	ब	क	ग	प
स	थ	न	व	ह	◌ो	ट	ल	घ	◌्	◌ा	◌्	छ	◌ु
◌ि	◌ु	य	थ	थ	◌ि	ए	ट	र	क	ज	ल	स	स
न	थ	प	ब	ह	इ	न	द	ण	◌ू	◌ा	◌ि	◌्	◌्
◌े	र	छ	र	थ	ढ	च	◌ु	द	ल	र	न	ट	त
म	ण	ञ	ए	म	ब	◌े	क	र	◌ी	प	◌ि	◌े	क
◌ा	फ	◌ू	ल	व	◌ा	ल	◌ा	ख	ब	व	क	ड	◌ा
ह	श	च	थ	ब	ब	र	न	श	ण	ट	इ	◌ि	ल
ऊ	उ	च	न	स	◌ं	ग	◌्	र	ह	◌ा	ल	य	य
छ	ष	ण	म	ठ	भ	ग	ड	क	ब	ञ	घ	म	ष
व	व	त	ग	ऊ	ठ	आ	◌ै	श	◌े	ब	श	घ	फ
ढ	आ	व	भ	◌ो	ज	न	◌ा	ल	य	ट	◌ै	न	ठ
ह	व	◌ा	ई	अ	ड	◌्	ड	◌ा	र	ग	ठ	◌ं	ष
च	◌ि	ड	◌़	◌ि	य	◌ा	घ	र	ऊ	◌ी	थ	ग	क

हवाई अड्डा
बैंक
पुस्तकालय
सिनेमा
क्लिनिक
फार्मेसी
फूलवाला
गैलरी
होटल
बाजार
संग्रहालय
दुकान
बेकरी
भोजनालय
स्कूल
स्टेडियम
सुपरमार्केट
थिएटर
चिड़ियाघर

27 - Virtù #1

स	ह	भ	ख	ठ	उ	ज	य	ऊ	ञ	ष	न	स	उ
ष	ल	◌ा	ख	प	ब	ध	ि◌	इ	इ	ए	ण	◌्	प
श	ह	व	स	ग	य	ब	उ	ज	ऊ	उ	व	व	य
थ	द	◌ु	छ	ख	ण	◌ु	आ	न	◌्	छ	◌्	च	◌ो
ञ	व	क	◌ु	श	ल	द	क	ि◌	ढ	ञ	य	◌्	ग
स	◌्	व	त	◌ं	त	◌्	र	र	उ	क	◌ा	छ	◌ी
ख	अ	च	◌्	छ	◌ा	ध	◌्	◌्	द	ल	व	स	श
ढ	◌ं	ग	ए	द	ए	ि◌	ष	ण	◌ा	◌ा	ह	थ	◌ु
म	र	◌ो	ग	◌ी	ष	म	क	◌ा	र	त	◌ा	घ	इ
इ	◌ा	च	उ	ध	आ	◌ा	ढ	य	य	◌्	र	उ	ह
ध	ठ	म	छ	ख	ग	न	ख	क	च	म	ि◌	ध	च
ण	ट	छ	◌ू	ग	य	य	ख	च	प	क	क	ञ	च
छ	ढ	ए	र	ल	व	ि◌	श	◌्	व	स	न	◌ी	य
उ	ग	इ	ञ	भ	◌ी	ए	ण	त	व	थ	ठ	न	ल

आकर्षक
विश्वसनीय
भावुक
कलात्मक
अच्छा
जिज्ञासु
निर्णायक
कुशल
उदार
स्वतंत्र
बुद्धिमान
मामूली
रोगी
व्यावहारिक
स्वच्छ
ढंग
उपयोगी

28 - Compleanno

व	न	उ	ब	आ	श	ञ	ज	स	म	ह	फ	ए	ण
उ	भ	प	त	स	भ	स	न	फ	◌ो	र	छ	ब	श
व	ष	ह	ए	◌्	य	म	◌्	त	म	◌्	द	न	म
द	ल	◌ा	ख	इ	स	य	म	स	ब	ष	इ	ब	ब
फ	द	र	थ	च	ह	व	ञ	न	त	◌ि	ख	द	ग
द	ष	ऊ	भ	न	ष	ग	◌ी	त	◌्	त	ख	◌ो	छ
ञ	◌ि	श	आ	न	उ	ण	क	स	त	क	ल	स	ऊ
प	त	न	ख	व	◌ि	श	◌े	ष	◌ि	◌ै	ब	◌्	ख
ड	न	ड	ग	ट	ल	म	क	न	य	ल	◌ु	त	व
ह	न	भ	ध	ख	ह	ह	◌ं	ख	◌ा	◌े	द	◌ो	प
म	फ	य	य	◌ु	व	◌ा	त	त	◌ँ	◌ं	◌्	◌ं	ष
म	ज	◌़	◌ा	श	र	न	ष	ग	◌्	ड	ध	इ	ट
प	त	◌्	त	◌े	◌्	ध	ष	इ	थ	र	◌ि	ट	ए
थ	द	द	ण	श	ष	ण	ढ	ऊ	द	त	ण	ह	प

दोस्तों
वर्ष
कैलेंडर
मोमबत्तियाँ
गीत
पत्ते
उत्सव
मज़ा
खुश
हर्षित

दिन
युवा
महान
निमंत्रण
जन्म
उपहार
बुद्धि
विशेष
समय
केक

29 - Fattoria #1

थ	ब	◌ी	ज	ख	◌े	त	स	ब	ञ	य	ड	ण	ऊ
म	◌ा	ड	त	ढ	म	श	◌ू	य	ठ	इ	त	ह	ढ
म	ड	च	ि◌	क	न	ह	अ	य	द	प	त	आ	ल
ग	◌़	ध	◌ा	ए	घ	द	र	ग	ध	◌ा	च	त	ञ
झ	◌ु	◌ं	ड	व	ञ	त	आ	ध	ल	घ	न	फ	ख
त	ब	ि◌	ल	◌्	ल	◌ी	द	य	फ	म	आ	श	फ
न	छ	ञ	घ	घ	◌ा	स	ग	थ	ण	ध	म	ह	ख
प	ड	न	ड	◌ो	इ	ग	ख	थ	ञ	◌ु	ढ	ट	श
प	◌़	च	आ	ड	ठ	इ	य	इ	ब	म	ऊ	ब	ठ
ढ	◌ा	ग	आ	◌़	इ	ह	उ	घ	य	क	त	ध	ल
ण	त	न	ग	◌ा	य	स	भ	ढ	ध	◌्	र	थ	छ
फ	ढ	छ	◌ी	उ	र	◌्	व	र	क	ख	ऊ	◌ी	म
क	◌ु	त	◌्	त	◌ा	क	◌ृ	ष	ि◌	◌ी	ञ	ट	ढ
ध	र	ढ	न	घ	ण	स	भ	प	ढ	ख	ड	ट	ढ

पानी
कृषि
मधुमक्खी
गधा
खेत
कुत्ता
बकरी
घोड़ा
उर्वरक
घास
बिल्ली
झुंड
सूअर
शहद
गाय
चिकन
बाड़
चावल
बीज
बछड़ा

30 - Paesaggi

आ	ख	ष	ञ	थ	ग	श	प	श	थ	म	ऊ	भ	झ
फ	ध	स	च	श	फ	न	◌्	स	म	◌ु	द	◌्	र
प	ह	◌ा	ड	◌़	◌ी	ध	र	घ	र	घ	ल	उ	न
र	◌े	ग	◌ि	स	◌्	त	◌ा	न	◌ू	ढ	द	ष	◌ा
घ	श	र	ख	म	य	ट	य	द	द	त	ल	न	ब
ध	ट	न	य	ल	श	◌ि	द	◌ी	◌्	ग	ब	ड	ण
छ	न	ढ	ख	न	आ	ब	◌्	फ	य	ण	◌ु	ग	त
ह	◌ि	म	ख	◌ं	ड	◌्	व	ढ	◌ा	ऊ	घ	फ	श
ट	थ	भ	ग	ड	ह	ब	◌ी	द	न	फ	◌ा	त	◌ा
ए	ठ	त	ब	इ	म	◌ा	प	प	◌्	थ	ट	घ	ड
ग	◌्	ल	◌े	श	◌ि	य	र	च	ह	व	◌ी	उ	ऊ
ज	◌्	व	◌ा	ल	◌ा	म	◌ु	ख	◌ी	◌ा	◌ी	त	झ
य	ब	स	म	◌ु	द	◌्	र	त	ट	ग	ड	प	◌ी
ट	◌ु	◌ं	ड	◌्	र	◌ा	ट	ढ	ष	थ	ब	◌़	ल

झरना
पहाड़ी
रेगिस्तान
टिब्बा
नदी
ग्लेशियर
गुफा
हिमखंड
द्वीप
झील
समुद्र
पहाड़
मरूद्यान
सागर
दलदल
प्रायद्वीप
समुद्र तट
टुंड्रा
घाटी
ज्वालामुखी

31 - Ristorante #2

द	त	स	ब	्	ज	ि	य	ा	ं	इ	ल	स	क
ो	ड	क	ु	र	्	स	ी	म	ढ	ञ	स	्	े
प	ख	त	च	म	्	म	च	प	छ	उ	ू	व	क
ह	अ	द	इ	आ	इ	फ	ष	व	ा	ल	प	ा	र
र	ं	ण	ड	ऊ	ब	ए	द	ब	न	न	ी	द	ा
क	ड	आ	घ	म	प	न	क	स	श	म	ी	ि	त
ा	े	ण	फ	ल	म	स	ा	ल	े	क	ए	ष	क
भ	व	े	ट	र	फ	ऊ	ं	ा	ण	ऊ	य	्	ा
ो	ए	ल	ठ	ख	न	ध	ट	द	इ	घ	ह	ट	ख
ज	ञ	क	्	ष	ु	ध	ा	व	र	्	ध	क	ा
न	छ	इ	द	श	ढ	भ	त	ग	ष	फ	ख	प	न
फ	म	श	ढ	न	उ	ए	फ	ध	ढ	ए	ण	े	ा
स	घ	ए	व	ग	उ	छ	ण	य	त	ठ	ठ	य	इ
उ	ञ	ड	ड	ह	ऊ	ग	प	ए	श	ए	द	घ	ञ

पानी
क्षुधावर्धक
पेय
वेटर
रात का खाना
चम्मच
स्वादिष्ट
कांटा
फल
बर्फ
सलाद
सूप
मछली
दोपहर का भोजन
नमक
कुर्सी
मसाले
केक
अंडे
सब्जियां

32 - Giardino

भ	ठ	ब	ा	ड	़	ल	छ	घ	ड	स	ठ	ए	ग
च	म	ऊ	ु	भ	त	ञ	इ	ट	ढ	ए	ठ	ग	ठ
व	ह	ध	ह	श	ठ	ष	ढ	ग	व	झ	च	ड	ट
ब	ष	ण	ड	ढ	ड	इ	व	च	फ	ू	ल	छ	्
न	ग	ण	भ	र	आ	ग	स	र	म	ल	ॉ	ब	र
ल	ण	ी	ञ	फ	ल	ो	द	्	य	ा	न	र	े
ी	थ	भ	च	प	े	ड	़	श	ण	छ	त	ा	म
ग	ध	ठ	फ	ा	व	ड	़	ा	ष	फ	ा	म	्
ण	ड	म	ञ	र	ग	घ	व	म	घ	त	ल	द	प
र	ए	ठ	ढ	आ	ग	व	म	य	ब	ह	ा	ा	ो
न	फ	घ	त	ल	ै	ख	ण	ञ	ष	त	ब	े	ल
ण	य	ड	म	ध	र	े	क	र	भ	ढ	ड	ष	ि
ए	य	ट	ष	भ	े	ऊ	ऊ	उ	ल	ए	घ	ब	न
घ	ा	स	च	त	ज	फ	ह	छ	ब	े	ं	च	ऊ

पेड़
झूला
बुश
घास
मातम
फूल
फलोद्यान
गैरेज
बगीचा
फावड़ा
बेंच
बरामदा
लॉन
रेक
बाड़
तालाब
छत
ट्रेम्पोलिन
नली
बेल

33 - Frutta

न	◌ा	श	प	◌ा	त	◌ी	छ	च	प	आ	म	ष	अ
◌ी	ग	ड	ड	ड	र	ट	न	प	प	ड	ण	द	न
◌ं	प	च	ण	ख	ब	ण	न	च	◌ी	◌़	छ	ल	न
ब	ञ	ठ	छ	द	◌ू	प	ख	श	त	◌ू	ए	ब	◌्
◌ू	ञ	भ	ञ	ड	ज	थ	ग	ब	◌ा	ष	व	◌े	न
श	ध	आ	उ	ड	इ	श	उ	इ	◌े	छ	◌ो	र	◌ा
थ	फ	ब	ठ	ध	ख	क	◌े	ल	◌ा	र	क	◌ी	स
क	र	◌़	ख	◌ु	ब	◌ा	न	◌ी	द	स	◌ा	स	न
घ	◌ी	च	त	ख	ट	ख	य	ट	द	भ	ड	◌े	◌ा
ण	स	व	ण	◌ा	ट	य	य	स	ढ	र	◌ो	ब	र
प	ब	इ	◌ी	च	ल	घ	त	व	फ	◌ी	व	ब	◌ं
म	ख	ह	ग	◌े	ब	◌ू	प	थ	घ	म	ड	थ	ग
छ	उ	म	उ	र	ब	◌्	ल	◌ै	क	ब	◌े	र	◌ी
ट	न	प	ग	◌ी	ह	य	अ	◌ं	ग	◌ू	र	म	ग

खुबानी
अनन्नास
नारंगी
एवोकाडो
बेरी
केला
चेरी
कीवी
रसभरी
नींबू

आम
सेब
तरबूज
ब्लैकबेरी
शफ़तालू
पपीता
नाशपाती
आड़ू
बेर
अंगूर

34 - Fattoria #2

म	ह	ञ	ल	ए	ढ	व	भ	फ	ञ	द	फ	फ	य
क	◌ि	स	◌ा	न	ब	ग	घ	व	द	त	ल	ग	इ
ई	घ	◌ि	म	द	त	भ	◌े	ड	◌़	व	◌ो	द	छ
भ	◌ा	◌ं	◌ा	च	ख	ल	◌ि	ह	◌ा	न	द	◌ू	आ
ञ	स	च	भ	◌ो	ज	न	म	य	◌ू	प	◌्	ध	ढ
उ	क	◌ा	ट	ञ	न	ष	◌े	ग	ड	◌ॅ	य	ठ	छ
ट	◌ा	ई	त	◌्	व	थ	म	त	ट	ख	◌ा	ग	ज
ग	म	ए	ए	थ	र	इ	न	ञ	छ	ठ	न	र	◌ौ
ड	◌ै	ऊ	च	फ	ट	◌ै	◌ा	य	ऊ	न	इ	र	घ
ञ	द	ट	र	फ	ल	भ	क	य	इ	न	ध	ष	ऊ
ढ	◌ा	आ	व	त	ड	स	ब	◌्	ज	◌ौ	प	न	फ
त	न	ब	◌ा	ब	ऊ	ष	फ	श	ट	आ	थ	ल	म
प	क	◌ा	ह	◌ु	आ	ड	ए	ध	घ	र	ल	ठ	ख
ब	उ	ल	◌ा	ज	◌ा	न	व	र	◌ो	◌ं	ह	न	स

मेमना
किसान
बतख
जानवरों
भोजन
खलिहान
फल
फलोद्यान
गेहूँ
सिंचाई

लामा
दूध
मकई
पका हुआ
जौ
चरवाहा
भेड़
घास का मैदान
ट्रैक्टर
सब्जी

35 - Dinosauri

प	ब	ट	इ	म	ञ	त	ट	न	थ	ण	आ	आ	ध
◌्	श	ड	ञ	ख	◌ा	प	ग	ह	श	◌ि	क	◌ा	र
र	◌ा	श	◌़	प	◌ू	◌ं	छ	य	ठ	ए	◌ा	ड	स
◌ा	क	◌ा	त	◌ा	ण	ख	स	स	च	श	र	ह	र
ग	◌ा	त	ऊ	च	ब	ब	र	◌ा	व	न	ड	व	◌ी
◌ै	ह	◌ि	ट	छ	च	इ	◌्	प	ह	◌ि	फ	ड	स
त	◌ा	र	ट	र	म	ख	व	◌ृ	ड	◌ा	क	म	◌ृ
◌ि	र	ए	ण	छ	ए	र	भ	थ	ट	च	र	◌ा	प
ह	◌ी	ह	फ	त	ध	ख	क	◌्	व	प	ख	◌ी	स
◌ा	र	◌ै	प	◌्	ट	र	◌्	व	व	व	उ	छ	फ
स	ब	त	इ	त	ण	घ	ष	◌ी	घ	ष	आ	ञ	ष
◌ि	श	द	ऊ	य	ण	द	◌ी	ट	व	◌ि	श	◌ा	ल
क	अ	◌ं	त	र	◌्	ध	◌ा	न	श	र	ऊ	आ	द
ज	◌ी	व	◌ा	श	◌्	म	म	ट	भ	आ	न	इ	च

पंख
मांसाहारी
पूंछ
शाकाहारी
विकास
जीवाश्म
बड़ा
विशाल
सर्वभक्षी

शिकार
प्रागैतिहासिक
रैप्टर
सरीसृप
अंतर्धान
आकार
पृथ्वी
शातिर

36 - Verdure

ट	अ	ज	म	◌ो	द	म	ब	प	उ	ऊ	त	उ	व
ऊ	उ	ऊ	ट	ष	न	◌ू	ज	◌ै	त	◌ू	न	व	ण
स	य	ढ	र	प	◌ा	ल	क	च	◌ं	उ	फ	छ	च
प	◌्	य	◌ा	ज	न	◌ी	म	म	छ	ग	ब	फ	ब
ल	ह	स	◌ु	न	आ	ग	श	थ	श	ठ	न	र	◌्
क	द	◌्	द	◌ू	अ	द	र	क	द	र	इ	भ	र
भ	ठ	च	घ	ण	ज	घ	◌ू	य	ब	ट	ट	थ	◌ो
स	श	उ	त	ह	व	ल	म	ञ	प	म	ष	ञ	क
त	ल	र	ख	ह	◌ा	थ	◌ी	च	क	◌ा	ह	फ	◌ो
र	ज	◌ा	ब	ऊ	इ	ख	◌ी	र	◌ा	ट	आ	भ	ल
ढ	म	ठ	द	व	न	ह	ढ	ञ	आ	र	भ	ल	◌ी
ग	◌ा	ज	र	प	ख	ष	ढ	छ	घ	भ	ध	आ	◌ू
घ	ह	ब	इ	श	द	छ	ह	ध	द	प	म	ट	ध
प	घ	ग	ण	आ	च	श	ध	त	ऊ	य	आ	थ	ञ

लहसुन
ब्रोकोली
हाथी चक
गाजर
खीरा
प्याज
मशरूम
सलाद
बैंगन
जैतून
आलू
मटर
टमाटर
अजमोद
शलजम
मूली
अजवाइन
पालक
अदरक
कद्दू

37 - Scuola #2

व	व	थ	थ	ट	ड	ख	ड	ए	ध	ग	छ	प	ब
◌ि	ग	◌्	ञ	प	ल	भ	द	ख	ञ	ब	स	◌ु	ध
ज	आ	ड	य	त	ए	ज	◌ू	त	◌े	म	◌ा	स	भ
◌्	भ	क	न	◌ा	ढ	ष	स	ण	ठ	ल	ह	◌्	स
ञ	म	◌ा	◌ै	ख	क	द	◌ं	ख	श	व	◌ि	त	त
◌ा	र	ग	क	◌ं	ष	र	ग	इ	ब	श	त	क	ध
न	न	ज	◌ै	ञ	च	ञ	ण	स	◌्	◌ै	◌्	◌े	प
श	घ	छ	ल	ख	श	◌ी	क	ख	द	क	य	◌ं	त
◌ि	ऊ	य	◌ै	श	◌ि	क	◌्	ष	क	◌्	ब	◌ै	ग
क	प	◌े	◌ं	स	◌ि	ल	ठ	ञ	◌ो	ष	ग	ट	स
◌्	थ	ट	ड	ग	ण	◌ि	त	श	श	◌ि	च	ह	भ
ष	उ	द	र	घ	प	◌ु	स	◌्	त	क	◌ा	ल	य
◌ा	उ	ष	ख	भ	श	ए	त	भ	ए	ट	र	छ	य
ल	म	छ	छ	ढ	ट	व	प	ढ	◌़	न	◌ा	ढ	ब

शैक्षिक
बस
पुस्तकालय
कैलेंडर
कागज
संगणक
शब्दकोश
शिक्षा
कैंची
खेल
व्याकरण
शिक्षक
साहित्य
पढ़ना
पुस्तकें
गणित
पेंसिल
जूते
विज्ञान
बैग

38 - Gentilezza

ण	ठ	ख	च	श	ई	म	◌ा	न	द	◌ा	र	ऊ	प
ध	थ	य	ए	◌ौ	उ	व	ढ	आ	उ	स	◌ो	व	न
प	◌्	य	◌ा	र	क	ब	ञ	ड	द	प	ग	◌ि	म
ग	द	म	घ	भ	थ	स	उ	द	◌ा	र	◌ी	श	व
◌्	य	ण	◌े	च	इ	प	स	ध	ध	ए	ह	◌्	व
र	◌ा	उ	स	ह	न	श	◌ी	ल	फ	भ	ह	व	◌ा
ह	ल	प	म	स	म	फ	न	ठ	आ	घ	स	स	स
ण	◌ु	य	झ	ऊ	फ	◌ा	ग	ण	इ	ण	◌्	न	◌्
श	ऊ	◌ो	ड	च	द	छ	न	फ	व	◌ि	न	◌ी	त
◌ी	आ	ग	द	ख	त	ट	श	न	स	उ	◌े	य	व
ल	ह	◌ी	त	ऊ	◌ु	द	स	र	व	व	ह	य	◌ि
अ	न	◌ु	क	◌ू	ल	श	ए	श	फ	◌ा	◌ी	ट	क
ब	इ	ग	घ	श	त	ञ	ह	थ	छ	ह	ज	घ	आ
द	ऊ	ञ	म	ब	श	न	ह	र	त	भ	ञ	व	श

स्नेही
विश्वसनीय
अनुकूल
प्यार
चौकस
दयालु
समझ
खुश
उदार
वास्तविक
ईमानदार
मेहमाननवाज
रोगी
ग्रहणशील
विनीत
सहनशील
उपयोगी

39 - Barbecue

ह	थ	ञ	घ	ग	ग	ड	ख	भ	ट	म	◌ा	ट	र
स	ल	◌ा	द	र	ध	र	उ	प	र	◌ि	व	◌ा	र
र	ठ	ध	प	◌्	ए	त	म	र	इ	र	ण	इ	छ
◌ा	म	ग	ञ	म	य	ह	त	म	ए	◌्	थ	ऊ	म
त	ग	ह	ध	◌ी	ल	च	◌ि	क	न	च	ट	न	◌ी
क	श	◌्	न	ग	ण	◌ा	च	भ	ठ	म	ड	छ	भ
◌ा	छ	स	र	स	य	क	त	घ	छ	ए	क	द	द
ख	ल	◌ं	ऊ	◌ि	छ	◌ू	फ	ल	ख	फ	द	छ	भ
◌ा	ठ	ग	द	थ	ल	र	ख	श	◌े	ग	र	फ	भ
न	र	◌ो	ए	भ	◌ू	ख	द	थ	ल	ह	र	आ	र
◌ा	ऊ	त	द	◌ो	प	ह	र	क	◌ा	भ	◌ो	ज	न
प	◌्	य	◌ा	ज	न	◌ि	म	◌ं	त	◌्	र	ण	थ
स	न	ध	ख	न	ग	ष	ग	थ	च	ए	स	ब	श
ख	ऊ	प	न	म	प	ध	स	न	ब	ग	म	ग	ग

गरम
रात का खाना
भोजन
प्याज
चाकू
गर्मी
भूख
परिवार
फल
खेल
ग्रिल
सलाद
निमंत्रण
संगीत
मिर्च
चिकन
टमाटर
दोपहर का भोजन
नमक
चटनी

40 - Riempire

द	आ	ब	ध	ड	ण	स	उ	आ	ठ	घ	फ	प	स
व	उ	ल	ढ	ख	घ	थ	आ	न	ब	न	ट	त	ू
म	ब	ध	व	द	ष	प	ब	व	ग	ॉ	भ	ञ	ट
ष	उ	ध	उ	ऊ	उ	व	ो	आ	व	फ	क	ट	क
द	ह	ण	ब	च	ढ	ह	त	ट	भ	द	म	्	े
प	य	र	थ	ै	ल	ा	ल	त	ठ	ट	फ	य	स
ै	स	ध	ध	ख	र	द	प	च	ष	छ	थ	ू	ब
क	ा	र	्	ट	न	ल	श	ट	ड	ए	ज	ब	ा
े	ठ	ड	द	ब	ल	ढ	न	ब	ो	ण	े	ऊ	ल
ट	ो	क	र	ा	ि	ट	भ	ठ	न	क	ब	व	्
च	द	ट	ा	द	फ	ू	ल	द	ा	न	र	फ	ट
फ	इ	्	ज	घ	ा	ट	ी	च	छ	प	व	ी	ी
ऊ	ब	र	ढ	व	फ	ड	फ	़	ो	ल	्	ड	र
म	त	े	भ	उ	ा	न	ल	ठ	स	ड	ष	ए	फ

घाटी
बैरल
थैला
बोतल
लिफाफा
फ़ोल्डर
कार्टन
टोकरा
दराज
टोकरी
पैकेट
बॉक्स
बाल्टी
जेब
ट्यूब
सूटकेस
टब
फूलदान
ट्रे

41 - Insetti

स	त	◌ि	त	ल	◌ी	च	च	श	ट	ञ	उ	ड	ऊ
ट	◌ि	ड	◌्	ड	◌ी	द	◌ी	म	क	◌ु	ट	क	◌ी
ध	ल	क	◌्	य	घ	फ	◌ं	म	◌ी	◌ी	य	ख	छ
ल	च	न	◌ा	र	य	इ	ट	च	ट	ऊ	ड	घ	व
◌ा	ट	म	ष	ड	◌ै	ञ	◌ी	◌्	ष	भ	च	◌़	ण
र	◌्	श	र	ब	◌ा	ग	ब	छ	म	स	थ	ल	◌ा
◌्	ट	ए	प	ल	इ	फ	न	र	भ	ध	श	द	इ
व	◌ा	भ	◌ि	◌ं	ड	◌ी	ढ	फ	श	आ	ऊ	ष	आ
◌ा	ट	च	स	म	ध	◌ु	म	क	◌्	ख	◌ी	ऊ	भ
ऊ	द	श	◌्	फ	ल	ब	प	ढ	ऊ	ल	ए	प	म
उ	भ	फ	स	न	ट	न	ञ	प	ग	ऊ	◌ा	ए	च
म	◌ृ	ध	◌ू	ब	ढ	भ	फ	ह	र	न	ट	ई	ठ
ए	◌ं	त	त	◌ै	य	◌ा	स	फ	ए	फ	◌ि	ड	ढ
द	ग	ध	ख	ख	य	फ	श	श	आ	त	उ	छ	य

एफिड
मधुमक्खी
टिड्डी
सिकाडा
भिंडी
भृंग
कीट
तितली
चींटी
लार्वा
ड्रैगनफ्लाई
कुटकी
पिस्सू
तिलचट्टा
दीमक
कीड़ा
ततैया
मच्छर

42 - Erboristeria

ब	य	स	थ	य	च	प	घ	ष	ध	ण	भ	ध	फ
ग	◌ु	ण	व	त	◌्	त	◌ा	ग	ट	प	च	ष	त
◌ी	ट	ख	य	ब	ञ	ए	उ	क	◌े	स	र	ए	ब
च	ल	◌ै	व	◌े	◌ं	ड	र	द	छ	च	ड	छ	व
◌ा	ण	य	त	आ	आ	क	ध	प	◌ौ	ध	◌ा	भ	च
फ	ख	थ	◌ा	श	त	◌ु	ल	स	◌ी	न	ठ	ण	ग
स	◌ु	ग	र	ण	ख	ठ	ध	◌ौ	त	फ	◌ी	ण	न
ल	श	थ	ग	अ	स	र	ञ	◌ं	स	श	श	ट	ठ
स	ब	प	◌ो	ज	त	◌ा	ण	फ	ढ	इ	ष	ड	घ
फ	◌ू	ल	न	म	ऊ	ण	ह	ष	ह	त	ढ	ल	ट
ए	द	व	थ	◌ो	द	उ	र	ञ	ड	व	ठ	म	क
फ	◌ा	ल	इ	द	ऊ	◌ि	◌ा	ड	ड	ए	न	फ	ब
ल	र	छ	ऊ	ठ	य	व	ल	ह	स	◌ु	न	इ	ञ
प	◌ु	द	◌ौ	न	◌ा	अ	ज	व	◌ा	य	न	ध	ण

लहसुन
दिल
खुशबूदार
तुलसी
पाक
तारगोन
सौंफ
फूल
बगीचा
घटक

लैवेंडर
कुठरा
पुदीना
पौधा
अजमोद
गुणवत्ता
दौनी
अजवायन
हरा
केसर

43 - Danza

द	◌ृ	श	◌्	य	म	ग	ड	ऊ	प	क	ष	आ	व
आ	ख	ध	भ	प	द	इ	ग	ए	उ	ल	र	इ	त
ऊ	स	◌ं	स	◌्	क	◌ृ	त	◌ि	स	◌ा	ध	ऊ	त
ह	ठ	न	◌ं	ब	न	प	◌ि	थ	◌ा	ल	ए	ण	◌ा
भ	श	ण	ग	त	◌ृ	र	ए	ध	◌ं	थ	ग	भ	ल
फ	◌ा	श	◌ी	ल	त	◌ं	आ	इ	स	स	◌ू	च	क
व	स	व	त	ख	◌्	प	थ	ञ	◌्	र	इ	फ	ष
श	◌्	◌ा	न	ण	य	र	ह	अ	क	◌ा	द	म	◌ी
ढ	त	उ	थ	◌ा	क	◌ा	र	त	◌ृ	ह	ट	ब	च
ब	◌्	ब	फ	◌ी	ल	ग	◌्	स	त	ट	इ	व	थ
श	र	◌ी	र	च	◌ा	त	ष	ढ	◌ि	इ	ड	ड	भ
द	◌ी	ख	म	ग	द	ढ	◌ि	ठ	क	◌ृ	प	◌ा	श
ल	य	आ	ल	ख	ञ	य	त	ल	त	श	इ	श	ट
र	◌ि	ह	र	◌्	स	ल	ठ	उ	त	त	ण	ण	भ

अकादमी
कला
शास्त्रीय
साथी
नृत्यकला
शरीर
संस्कृति
सांस्कृतिक
भावना
सूचक
हर्षित
कृपा
गति
संगीत
आसन
रिहर्सल
ताल
परंपरागत
दृश्य

44 - Commedia

व	ट	◌े	ल	◌ी	व	◌ि	ज	न	द	श	फ	स	श
ड	◌ा	ल	व	ख	थ	◌ि	ए	ट	र	ए	छ	ब	◌ै
इ	य	ह	◌ॅ	स	◌ी	त	ह	ल	◌्	त	द	य	ल
च	घ	ग	व	ढ	ढ	च	ञ	इ	श	द	व	ऊ	◌ी
स	म	र	न	◌ा	ढ	च	◌ु	ट	क	◌ु	ल	◌े	व
◌ू	ल	ष	ठ	अ	ह	◌ा	स	◌्	य	व	च	ठ	ब
च	त	◌ु	र	म	भ	◌ी	ए	ढ	ख	म	ज	◌़	◌ा
क	थ	ल	आ	अ	क	◌ि	ठ	प	प	थ	ख	म	द
उ	इ	ए	य	भ	◌ा	ड	न	द	◌ै	ह	प	ऊ	र
श	ब	ष	ऊ	◌ि	म	प	ख	◌े	ल	र	ख	र	य
श	ष	उ	ग	न	च	ण	ध	ब	त	ए	◌ो	ल	आ
ज	◌ो	क	र	◌े	ल	प	इ	ए	ड	◌्	प	ड	ब
भ	ब	ए	उ	त	◌ा	ट	ध	ट	ष	म	र	ञ	◌ी
ड	न	न	य	◌ा	ऊ	ल	ख	म	थ	र	ञ	◌ी	ऊ

वाहवाही
अभिनेता
अभिनेत्री
जोकर
मज़ा
सूचक
शैली
कामचलाऊ
चतुर
पैरोडी
दर्शक
हँसी
चुटकुले
थिएटर
टेलीविजन
हास्य

45 - Scuola #1

ग	ह	म	य	ल	न	ष	त	घ	प	र	प	ल	घ
छ	ण	ख	च	ञ	इ	ऊ	भ	ऊ	ु	घ	थ	ल	ए
घ	ड	ि	ध	ब	ट	स	द	ो	स	्	त	ो	ं
श	ड	इ	त	ख	स	श	ि	क	्	ष	क	प	प
प	्	र	श	्	न	ो	त	्	त	र	ी	र	े
फ	़	ो	ल	्	ड	र	ण	इ	क	ल	म	ी	ं
प	ु	स	्	त	क	ा	ल	य	े	व	ड	क	स
क	ा	ग	ज	ल	इ	क	ल	ग	ं	र	े	्	ि
घ	थ	न	छ	श	भ	ग	्	ष	ल	्	स	ष	ल
स	ं	ख	्	य	ा	ए	ँ	ष	थ	ण	्	ा	ख
ज	व	ा	ब	म	ध	ख	ञ	स	ा	म	क	ध	ब
श	व	स	ह	ह	ज	द	ग	त	ड	ा	ञ	भ	ख
म	ब	च	आ	ऊ	ग	़	ग	ऊ	द	ल	द	श	ध
क	ु	र	्	स	ो	ष	ा	ध	ष	ा	थ	त	च

वणमाला
दोस्तों
कक्षा
पुस्तकालय
कागज
फ़ोल्डर
मज़ा
परीक्षा
शिक्षक
पुस्तकें
गणित
पेंसिल
संख्याएँ
कलम
प्रश्नोत्तरी
जवाब
डेस्क
कुर्सी

46 - Fiori

र	ड	ष	ष	ट	◌्	य	◌ू	ल	◌ि	प	ण	ड	श
ह	ल	◌े	ध	न	ख	प	द	च	ञ	र	ए	न	व
प	◌ि	ऊ	ज	स	ध	प	प	म	आ	न	न	◌्	द
◌्	ल	ब	ष	◌़	ष	ड	ऊ	◌े	य	ड	ल	ड	य
ल	◌ी	च	◌ि	य	◌ी	ष	घ	ल	इ	ष	◌ै	◌े	आ
◌ू	आ	प	◌ो	स	◌्	त	◌ा	◌ी	थ	ए	व	ल	म
म	र	र	ऊ	◌ू	◌्	ग	◌ु	ल	◌ा	ब	◌े	◌ि	◌ै
◌े	◌्	◌ा	म	र	ष	क	घ	इ	प	आ	◌ं	अ	ग
र	क	स	ध	ज	छ	ब	◌ु	ग	त	छ	ड	न	न
◌ि	◌ि	◌ी	छ	म	ष	श	ढ	स	◌्	द	र	छ	◌ो
य	ड	स	ग	◌ु	ल	द	स	◌्	त	◌ा	ऊ	च	ल
◌ा	ठ	ग	भ	ख	प	स	ए	इ	◌ी	ब	आ	स	◌ि
ष	प	च	ग	◌ी	ध	स	ए	च	स	ण	ढ	श	य
ग	◌ा	र	◌्	ड	◌े	न	◌ि	य	◌ा	स	ए	ऊ	◌ा

डन्डोलेअन
गार्डेनिया
चमेली
लिली
सूरजमुखी
हिबिस्कुस
लैवेंडर
मैगनोलिया
डेज़ी
गुलदस्ता
आर्किड
पोस्ता
चपरासी
पत्ती
प्लूमेरिया
गुलाब
आनन्द
ट्यूलिप

47 - Ecologia

प	◌्	र	क	◌ृ	त	◌ि	त	फ	ल	ट	छ	ट	छ
य	घ	स	ग	ण	ष	ट	ग	स	ष	ध	ड	त	ल
न	ख	ह	द	ण	थ	◌ि	त	न	इ	उ	ठ	ल	आ
व	◌ै	श	◌्	व	◌ि	क	व	न	स	◌्	प	त	◌ि
◌ि	व	आ	स	स	ह	◌ा	ह	ञ	म	भ	प	श	र
व	द	ब	म	◌ं	◌ू	ऊ	ट	न	◌ु	ण	◌ौ	ए	◌ु
◌ि	ब	ट	◌ु	आ	स	ख	घ	श	द	फ	ध	च	ब
ध	छ	आ	द	त	स	◌ा	◌ा	द	◌्	ह	◌े	च	न
त	इ	ड	◌ा	भ	घ	र	ध	इ	र	य	ज	ध	ल
◌ा	ड	ट	य	ठ	इ	उ	ड	न	◌ी	द	ल	द	ल
उ	त	◌्	त	र	ज	◌ी	व	◌ि	त	◌ा	व	श	ष
प	◌्	र	ज	◌ा	त	◌ि	य	◌ा	◌ं	ठ	◌ा	य	ष
ढ	प	◌्	र	◌ा	क	◌ृ	त	◌ि	क	घ	य	प	म
ऊ	ड	स	ग	प	ह	◌ा	ड	◌़	◌ो	◌ं	◌ु	द	थ

जलवायु
समुदाय
विविधता
पशु
वैश्विक
समुद्री
पहाड़ों
प्रकृति
प्राकृतिक
दलदल
पौधे
संसाधन
सूखा
उत्तरजीविता
टिकाऊ
प्रजातियां
वनस्पति

48 - Discipline Scientifiche

ज	म	स	फ	ि	ज	ि	य	ो	ल	ॉ	ज	ी	प
ी	ज	ौ	म	ख	न	ि	ज	व	ि	द	्	य	ा
व	ब	ी	स	ा	छ	न	म	ष	ध	ञ	ऊ	प	र
व	आ	इ	व	म	ज	घ	ख	आ	ह	ण	ट	ु	ि
ि	य	ञ	उ	र	व	श	श	इ	आ	छ	फ	र	स
ज	य	श	ष	व	स	ि	ा	ब	ख	स	फ	ा	्
्	श	ट	ख	ए	ग	ा	ज	स	ह	य	च	त	थ
ञ	इ	ख	भ	ञ	ख	द	य	्	्	उ	आ	त	ि
ा	य	श	ञ	फ	ह	थ	श	न	ञ	त	ठ	्	त
न	य	ा	ं	त	्	र	ि	क	ी	ा	्	व	ि
ग	भ	ा	ष	ा	व	ि	ज	्	ञ	ा	न	र	क
श	र	ी	र	र	च	न	ा	ढ	थ	य	श	ए	ी
ब	ड	त	प	ो	ष	ण	म	ड	म	ध	घ	म	घ
ख	ग	ो	ल	व	ि	ज	्	ञ	ा	न	आ	ख	स

शरीर रचना
पुरातत्व
खगोल विज्ञान
जीव रसायन
जीवविज्ञान
पारिस्थितिकी
फिजियोलॉजी
भाषाविज्ञान
यांत्रिकी
मौसम विज्ञान
खनिज विद्या
पोषण
समाज शास्त्र

49 - Scienza

प	र	म	◌ा	ण	◌ु	य	ख	आ	म	द	ख	ठ	म
फ	◌्	ख	ऊ	र	ध	त	थ	◌्	य	ग	छ	ल	ह
स	थ	र	भ	प	◌्	र	य	◌ो	ग	श	◌ा	ल	◌ा
ज	र	च	क	ल	ब	◌ी	ख	प	ज	इ	ह	य	ए
ख	◌ी	श	फ	◌ृ	इ	क	न	र	◌ी	ध	म	र	छ
ध	ह	व	अ	ख	त	◌ा	◌ि	◌ि	व	ऊ	र	फ	ट
ड	◌े	ट	◌ा	ण	ऊ	◌ि	ज	क	आ	च	ण	ल	ए
ध	त	थ	ढ	श	◌ु	घ	ढ	ल	ड	च	ड	क	ण
फ	ऊ	व	ए	घ	◌्	ओ	च	◌्	व	◌ि	क	◌ा	स
प	◌्	र	य	◌ो	ग	म	◌ं	प	ठ	म	त	घ	ठ
र	◌ा	स	◌ा	य	न	◌ि	क	न	ञ	ध	ग	ल	ए
ढ	ग	◌ु	र	◌ु	त	◌्	व	◌ा	क	र	◌्	ष	ण
भ	◌ौ	त	◌ि	क	व	◌ि	ज	◌्	ञ	◌ा	न	आ	ऊ
अ	व	ल	◌ो	क	न	न	थ	ज	ल	व	◌ा	य	◌ु

परमाणु
रासायनिक
जलवायु
डेटा
प्रयोग
विकास
तथ्य
भौतिक विज्ञान
जीवाश्म
गुरुत्वाकर्षण
परिकल्पना
प्रयोगशाला
तरीका
खनिज
अणुओं
प्रकृति
जीव
अवलोकन
कण

50 - Acqua

न	फ	घ	ध	ध	द	स	ठ	इ	ख	ठ	ध	स	थ
स	◌ि	◌ं	च	◌ा	ई	ट	न	द	घ	◌ं	ल	इ	भ
ब	◌ा	ढ	◌़	र	भ	र	छ	र	फ	ढ	ट	ष	◌ा
र	ख	ग	व	◌ा	ह	इ	प	आ	न	र	ट	छ	प
◌ृ	ह	त	र	ण	द	स	स	ण	ऊ	म	व	ठ	व
फ	ड	श	◌ृ	च	फ	ट	फ	म	ग	ड	◌ी	ऊ	स
व	ञ	ह	ष	ल	ह	र	◌े	◌ं	प	त	ड	ल	श
घ	ऊ	म	◌ा	न	स	◌ू	न	श	ख	ष	ल	उ	श
द	ग	त	न	प	ट	द	ल	य	न	द	◌ी	ब	ल
त	◌ू	फ	◌ा	न	ऊ	प	ण	श	ड	ल	ब	◌ौ	थ
ऊ	ण	ञ	म	ढ	ढ	न	ह	र	ण	ष	ग	छ	ड
ण	ठ	द	य	फ	न	म	झ	◌ी	ल	ण	ञ	◌ा	व
ष	ट	ण	ब	श	व	◌ा	ष	◌ृ	प	◌ी	क	र	ण
ऊ	घ	र	भ	ह	द	भ	र	ञ	ठ	न	ए	प	न

बाढ़
नहर
बौछार
वाष्पीकरण
नदी
धारा
ठंढ
बर्फ
सिंचाई
झील
मानसून
सागर
लहरें
वर्षा
नमी
नम
तूफान
भाप

51 - Gatti

थ	फ	भ	ख	द	थ	भ	ब	ब	आ	ह	घ	ठ	ञ
फ	र	थ	च	फ	भ	थ	न	प	ग	स	ह	ऊ	द
स	◌्	न	◌े	ह	◌ी	ड	श	◌ि	क	◌ा	र	◌ी	ज
श	उ	ऊ	छ	व	ऊ	ड	य	र	व	ट	ल	त	◌ं
उ	त	थ	ठ	ड	प	◌ा	ग	ल	◌्	च	द	ढ	ग
ड	म	च	भ	च	◌ू	ह	◌ा	य	य	म	◌ं	य	ल
ध	◌ा	ग	◌ा	प	◌े	ज	◌ा	प	क	य	◌ी	च	◌ी
ब	ल	थ	ड	ए	छ	फ	य	स	◌्	ड	ण	ल	ल
थ	ज	◌ि	ज	◌्	ञ	◌ा	स	◌ु	त	◌े	ज	ढ	◌ा
न	◌ो	ड	ण	थ	ठ	ल	आ	व	◌ि	द	ध	ठ	ट
◌ी	द	ड	ठ	र	ए	स	◌्	व	त	◌ं	त	◌्	र
◌ं	घ	न	◌़	ठ	ह	ट	फ	त	◌्	स	ब	ऊ	द
द	र	च	ब	◌ा	ट	य	ष	व	व	ब	प	घ	न
छ	व	न	ट	ठ	म	द	र	स	ग	ञ	ञ	ष	र

स्नेही
शिकारी
पूंछ
जिज्ञासु
नींद
धागा
चंचल
स्वतंत्र
पागल

फर
व्यक्तित्व
थोड़ा
जंगली
शर्मीला
चूहा
तेज
पंजा

52 - Surf

ल	ह	र	ए	ढ	फ	स	ह	ब	ट	च	थ	ध	म
श	◌ु	र	◌ु	आ	त	◌ा	प	◌े	ट	◌ै	र	व	ज
◌ै	ग	त	◌ि	स	इ	ग	ऊ	ए	य	◌ं	ष	म	◌़
ल	फ	च	द	ञ	म	र	ब	ण	म	प	ट	ध	◌ा
◌ी	◌ो	ऊ	उ	र	ढ	◌ु	फ	ण	ञ	◌ि	भ	म	म
व	म	क	य	फ	ख	ण	द	च	थ	य	म	आ	ख
म	व	ड	प	श	ल	ञ	त	◌्	य	न	द	फ	◌ि
प	ग	ए	म	◌्	घ	इ	घ	य	र	ठ	ष	ड	ल
ध	म	छ	इ	घ	र	ग	र	म	भ	त	उ	ष	◌ा
च	ट	◌्	ट	◌ा	न	◌ि	फ	◌ौ	द	स	ट	त	ड
ग	घ	य	ञ	स	द	य	य	स	ब	भ	◌ी	ड	◌़
न	ए	म	ड	ध	ष	ण	ए	म	त	◌ा	क	त	◌ी
घ	त	द	ब	र	भ	इ	ढ	श	ञ	थ	फ	ण	घ
ण	ब	च	न	भ	घ	ख	छ	ल	च	उ	ढ	व	द

खिलाड़ी
चैंपियन
मज़ा
चरम
भीड़
ताकत
मौसम
सागर
लहर
लोकप्रिय
शुरुआत
फोम
चट्टान
समुद्र तट
शैली
पेट
गति

53 - Imbarcazioni

क	ड	इ	श	ग	ल	घ	उ	र	व	भ	ब	ध	ण
ल	श	आ	म	ड	थ	ज	इ	◌ं	ज	न	म	द	ण
च	स	◌्	ट	उ	त	◌्	फ	इ	ग	◌ो	द	◌ी	त
स	ध	म	त	न	म	व	व	ट	इ	स	फ	घ	छ
द	ड	ष	◌ु	◌ी	य	◌ा	य	ख	स	◌ा	ग	र	छ
न	◌ौ	क	◌ा	द	थ	र	ए	घ	म	ष	ह	ण	ब
द	ट	ष	ठ	प	◌्	आ	ऊ	आ	◌ु	ड	इ	द	ञ
◌ी	फ	न	त	ब	द	र	ए	इ	द	ट	ब	ण	प
ल	झ	◌ी	ल	ग	ठ	थ	◌ी	क	◌्	र	◌ू	च	आ
◌ं	र	ड	◌ो	◌ं	ग	◌ी	इ	ण	र	ल	ए	ह	ख
ग	स	◌े	ल	ब	◌ो	ट	ण	ण	ह	भ	म	ञ	थ
र	◌्	ब	◌े	ड	◌़	◌ा	भ	न	◌ा	व	◌ि	क	प
म	स	◌्	त	◌ू	ल	ह	र	◌े	◌ं	ख	च	य	भ
च	◌ी	य	य	य	ए	व	च	ट	ब	◌ो	य	◌ा	इ

मस्तूल
लंगर
सेलबोट
बोया
डोंगी
रस्सी
गोदी
क्रू
नदी
कश्ती

झील
समुद्र
ज्वार
नाविक
इंजन
समुद्री
सागर
लहरें
नौका
बेड़ा

54 - Api

ठ	ख	त	ठ	म	व	त	म	र	ड	ऊ	फ	फ	श
ल	म	ट	न	◌ो	◌ि	र	थ	म	य	ष	ढ	ग	ठ
श	स	य	स	म	व	व	भ	फ	ढ	प	स	र	ल
फ	◌ू	ल	क	प	◌ि	व	भ	◌ो	ट	उ	ग	ञ	थ
ऊ	र	श	◌ी	◌ौ	ध	श	ध	थ	ज	ध	ऊ	घ	ब
ख	◌्	ड	ट	ध	त	ध	झ	फ	ल	न	श	ण	श
न	य	ख	ल	◌े	◌ा	द	◌ु	ढ	आ	र	◌ा	न	◌ी
ल	◌ा	भ	क	◌ा	र	◌ी	◌ं	आ	व	फ	श	न	थ
ल	ञ	न	ब	थ	छ	थ	ड	ट	◌ॅ	द	भ	ट	स
ष	ख	ट	प	उ	च	व	र	न	ट	ब	प	घ	घ
श	ह	द	र	◌ं	श	ड	न	प	प	ग	घ	य	ग
ध	ल	उ	◌ा	ध	ख	◌ि	ल	न	◌ा	◌ी	ष	श	फ
त	च	त	ग	छ	त	◌्	त	◌ा	म	च	ह	थ	भ
छ	व	श	थ	भ	ब	र	ग	आ	घ	◌ा	र	प	र

पंख
छत्ता
लाभकारी
मोम
भोजन
विविधता
फूल
खिलना
फल

धुआँ
बगीचा
कीट
शहद
पौधे
पराग
रानी
झुंड
सूर्य

55 - Strumenti Musicali

झ	थ	स	ग	ण	ब	ण	श	ढ	छ	ष	ब	ट	ढ
व	◌ं	◌ै	ि◌	म	◌ै	ढ	ह	प	ि◌	य	◌ा	न	◌ो
◌ा	य	क	ट	ध	◌ं	ण	न	फ	ख	स	स	न	ल
य	न	◌्	◌ा	ऊ	ज	छ	◌ा	त	ब	ण	◌ू	व	ञ
ल	ऊ	स	र	र	◌ो	त	ई	ध	य	ब	न	◌ा	ड
न	छ	◌ो	ग	ठ	भ	ध	◌ु	ध	छ	ञ	घ	य	म
च	ठ	फ	ब	व	व	ग	ढ	र	छ	व	◌ं	ल	ग
◌े	ए	◌ो	य	म	उ	च	ल	इ	ह	व	ट	ि◌	व
ल	ञ	न	ब	◌ा	◌ं	स	◌ु	र	◌ी	◌ी	◌ा	न	ड
◌ो	ण	भ	ट	ह	त	म	ल	घ	ढ	ण	द	म	स
ख	त	स	ड	क	ए	श	ब	श	ऊ	◌ा	ब	र	ह
थ	व	ब	फ	व	◌्	म	◌ै	◌ं	ड	◌ो	ल	ि◌	न
ठ	उ	ष	स	ड	त	क	ध	म	ल	ब	श	ख	भ
ठ	ल	ञ	थ	ण	श	ख	र	प	आ	भ	थ	उ	श

वीणा
बैंजो
झंकार
गिटार
शहनाई
बासून
बांसुरी
घंटा
मैंडोलिन

टक्कर
पियानो
सैक्सोफोन
डफ
ढोल
तुरही
वायलिन
वायलनचेलो

56 - Professioni #2

च	ि	क	ि	त	्	स	क	म	भ	अ	ब	थ	च
ज	श	ि	क	्	ष	क	ग	ख	र	न	ह	फ	ि
ऊ	ी	आ	ण	ढ	ट	भ	ञ	ढ	ठ	्	ु	ो	त
छ	श	व	ढ	ल	र	ड	ध	ढ	ए	व	भ	ट	्
उ	ग	ि	व	य	आ	थ	थ	ए	स	े	ा	ो	र
व	घ	ष	ल	ि	प	ा	य	ल	ट	ष	ष	ग	क
म	ञ	्	ञ	ए	ज	ह	च	ग	इ	क	ी	्	ा
म	छ	क	इ	ल	स	्	ट	्	र	े	ट	र	र
र	ख	ा	ब	ऊ	ठ	थ	ञ	म	स	ट	ब	ा	इ
द	ा	र	्	श	न	ि	क	ा	त	र	व	फ	स
थ	ल	क	ज	ा	स	ू	स	ल	न	ञ	्	र	त
प	त	्	र	क	ा	र	ह	ी	व	ी	ठ	ज	उ
ढ	ष	द	ं	त	च	ि	क	ि	त	्	स	क	न
ल	ा	इ	ब	्	र	े	र	ि	य	न	र	छ	आ

लाइब्रेरियन
जीवविज्ञानी
सर्जन
दंत चिकित्सक
जासूस
दार्शनिक
फोटोग्राफर
माली
पत्रकार
इलस्ट्रेटर
शिक्षक
आविष्कारक
अन्वेषक
बहुभाषी
चिकित्सक
पायलट
चित्रकार

57 - Letteratura

न	घ	आ	स	इ	स	न	य	ब	भ	व	ग	ल	ड
व	◌ि	ष	य	ज	◌ी	व	न	◌ी	न	◌ि	ण	ठ	उ
च	य	ष	र	ण	व	य	ढ	फ	ल	श	ट	ड	घ
क	◌ा	व	◌्	य	◌ा	त	◌्	म	क	◌्	श	य	ब
त	त	श	फ	क	र	◌ा	ऊ	ग	ट	ल	ल	क	र
ह	◌ु	◌ै	इ	फ	र	ल	◌े	ख	क	◌े	प	व	◌ा
फ	उ	ल	ल	ढ	◌ू	◌्	ब	ट	व	ष	त	◌ि	य
त	ध	◌ी	न	त	प	व	ष	भ	व	ण	◌्	त	ख
ऊ	व	द	श	◌ा	क	◌ि	स	◌्	स	◌ा	र	◌ा	ध
आ	ल	◌ो	च	न	◌ा	स	म	◌ा	न	त	◌ा	ह	ड
य	ह	ड	ह	त	व	◌ि	व	र	ण	घ	स	ठ	य
त	त	उ	प	न	◌्	य	◌ा	स	ठ	ब	द	ल	उ
घ	◌ु	ए	य	फ	स	◌ं	व	◌ा	द	घ	◌ी	भ	ण
म	ट	क	छ	ञ	ष	ध	ब	त	च	इ	ल	फ	ग

विश्लेषण
समानता
किस्सा
लेखक
जीवनी
निष्कर्ष
तुलना
आलोचना
विवरण
संवाद
रूपक
राय
कविता
काव्यात्मक
तुक
ताल
उपन्यास
शैली
विषय
त्रासदी

58 - Cibo #2

त	घ	द	र	◌ो	ट	◌ी	ख	ल	च	फ	र	न	ट
व	ठ	ह	ढ	ट	ग	य	फ	आ	घ	च	◌ि	क	न
स	क	◌ी	ब	म	ञ	त	अ	ज	व	◌ा	इ	न	ए
य	◌े	ञ	◌ृ	◌ा	ह	ह	श	◌ं	फ	व	छ	ट	त
ढ	ल	ब	र	ट	ह	श	ञ	थ	ड	ल	ञ	ढ	ढ
थ	◌ा	त	◌ो	र	ढ	ण	ष	ब	ञ	◌ा	फ	इ	ध
ब	च	◌ॉ	क	ल	◌े	ट	प	त	घ	ञ	ब	ट	ख
◌ै	ध	ए	◌ो	व	म	ग	थ	न	घ	स	ड	ठ	अ
◌ं	र	इ	ल	द	द	◌े	स	ड	◌ी	छ	ए	ञ	◌ं
ग	ऊ	ऊ	◌ी	छ	क	ह	◌ै	म	श	र	◌ू	म	ग
न	ड	ढ	ब	फ	◌ी	◌ू	ऊ	स	ख	य	ख	म	◌ू
त	च	◌े	र	◌ी	व	◌ँ	ड	न	ठ	ठ	ऊ	छ	र
ए	प	उ	त	प	◌ी	ब	ए	आ	ण	ख	त	ल	ग
ञ	आ	ए	ग	ह	श	त	ऊ	म	फ	उ	ऊ	◌ी	ल

केला
ब्रोकोली
चेरी
चॉकलेट
पनीर
मशरूम
गेहूँ
कीवी
सेब
बैंगन
रोटी
मछली
चिकन
टमाटर
हैम
चावल
अजवाइन
अंडा
अंगूर
दही

59 - Nutrizione

न	ए	ल	ख	क	प	च	ल	घ	न	भ	प	थ	र
व	◌ि	ष	◌ा	ड	◌ा	ट	ह	उ	आ	क	◌ु	थ	ढ
ख	फ	आ	द	◌़	च	न	ञ	प	ग	◌ै	ष	फ	ए
क	◌ि	ण	◌्	व	न	◌ी	ग	फ	◌ु	ल	◌्	स	प
थ	र	ग	य	◌ा	प	ञ	ठ	ड	ण	◌ो	ट	◌्	छ
ब	व	◌ि	ट	◌ा	म	◌ि	न	थ	व	र	◌ि	व	म
आ	व	म	फ	ठ	थ	फ	न	च	त	◌ी	क	◌ा	भ
न	ह	स	◌्	व	◌ा	स	◌्	थ	◌्	य	र	द	◌ू
थ	श	◌ा	◌ं	ञ	ह	फ	द	य	त	ढ	स	ग	ख
उ	ल	ल	र	त	र	ल	प	द	◌ा	र	◌्	थ	आ
ल	प	◌े	भ	ट	◌ु	इ	ल	ख	ए	ट	व	य	ट
ध	ञ	श	प	व	ग	ल	ष	व	ण	श	स	इ	भ
स	त	थ	आ	ख	ज	घ	◌ि	फ	न	ड	◌्	इ	ट
प	◌्	र	◌ो	ट	◌ी	न	ट	त	व	उ	थ	ष	ह

कड़वा
भूख
संतुलित
कैलोरी
खाद्य
आहार
पाचन
किण्वन
स्वाद
तरल पदार्थ
पुष्टिकर
वजन
प्रोटीन
गुणवत्ता
चटनी
स्वास्थ्य
स्वस्थ
मसाले
विष
विटामिन

60 - Matematica

त	ध	ण	आ	स	स	भ	स	ल	उ	आ	य	त	न
्	थ	द	श	व	म	भ	य	म	र	य	इ	न	श
र	ढ	त	व	ि	भ	ा	ज	न	र	त	ष	ग	स
ि	ब	स	न	च	न	ऊ	न	स	इ	ू	च	ह	य
ज	्	य	ा	म	ि	त	ि	ा	अ	ख	प	ब	ो
्	व	छ	ड	ध	श	स	ह	ठ	ं	ण	भ	त	ग
य	्	फ	व	ब	ष	म	च	ष	श	त	प	त	ा
ा	य	ब	ब	श	स	ौ	ध	ा	न	ह	र	्	म
ड	ा	म	ह	ख	ट	क	ो	ण	ए	ख	ि	र	ह
ञ	स	ण	च	ु	भ	र	व	द	द	श	ध	ि	व
ए	ष	फ	ड	ग	भ	ण	व	ल	श	ऊ	ि	क	र
ल	व	छ	ल	ख	ग	ु	ब	ब	म	श	ब	ो	्
अ	ं	क	ग	ण	ि	त	ज	उ	ल	च	श	ण	ग
प	्	र	त	ि	प	ा	द	क	व	न	ञ	भ	ल

कोण
अंकगणित
परिधि
दशमलव
व्यास
विभाजन
समीकरण
प्रतिपादक
अंश
ज्यामिति
समानांतर
सीधा
बहुभुज
वर्ग
त्रिज्या
आयत
समरूपता
योग
त्रिकोण
आयतन

61 - Bagno

य	ट	स	स	ठ	ब	ल	त	थ	उ	ण	ह	ग	ण
क	इ	त	◌्	र	◌ौ	◌ो	ब	◌ु	ल	ब	◌ु	ल	◌े
◌ै	व	◌ौ	प	न	छ	श	स	◌ा	ब	◌ु	न	◌ी	श
◌ं	ञ	ल	◌ं	प	◌ा	न	◌ी	त	ख	ष	ए	च	◌ौ
च	ए	◌ि	ज	भ	र	न	इ	त	न	र	ब	◌ा	च
◌ी	ष	य	ए	श	न	द	म	ष	घ	ष	उ	र	◌ा
ध	भ	◌ा	प	स	ए	ल	द	ख	उ	ध	उ	ए	ल
भ	र	उ	थ	त	ए	भ	ट	इ	ढ	ण	ल	ए	य
फ	ए	उ	स	न	ब	भ	ऊ	श	म	थ	प	व	ग
द	उ	ट	च	श	ड	छ	फ	ए	ष	आ	ट	ब	प
ऊ	र	द	त	ध	प	थ	ष	श	च	ण	ण	ब	ढ
ए	ऊ	◌्	ब	थ	घ	ह	ऊ	थ	व	ग	ख	म	स
न	ण	प	प	ढ	ल	ड	प	ष	ध	घ	छ	ट	र
द	ल	ख	श	ण	श	◌ै	म	◌्	प	◌ू	स	ख	द

पानी
तौलिया
स्नान
बुलबुले
बौछार
कैंची
शौचालय
लोशन
इत्र
नल
साबुन
शैम्पू
दर्पण
स्पंज
गलीचा
भाप

62 - Meditazione

प	ष	छ	र	घ	श	फ	थ	ध	ल	च	र	उ	म
त	◌्	ह	उ	ग	◌्	ट	र	◌्	श	न	ऊ	ए	◌ा
ड	ए	र	इ	य	व	ष	ल	य	छ	य	थ	म	न
म	इ	ग	क	प	◌ा	ल	श	◌ा	थ	ध	ट	इ	स
श	उ	त	थ	◌ृ	स	आ	स	न	छ	ग	ट	छ	◌ि
द	◌ा	◌ि	ठ	य	त	श	फ	ग	स	द	य	◌ा	क
ड	त	◌ं	ब	ढ	ह	◌ि	भ	स	◌्	य	उ	ण	क
व	प	ख	त	भ	प	म	ठ	◌ं	प	◌ा	श	ग	◌ृ
अ	स	श	य	◌ि	ध	◌ौ	न	ग	ष	ल	◌ा	घ	त
स	व	ब	व	द	ध	न	ढ	◌ी	◌्	◌ु	◌ं	म	ज
थ	थ	ल	व	◌ि	च	◌ा	र	त	ट	त	त	भ	◌्
ध	भ	थ	◌ो	र	स	थ	ह	ण	त	◌ा	ध	प	ञ
स	◌्	व	◌ी	क	◌ृ	त	◌ि	ह	◌ा	आ	श	छ	त
आ	स	छ	य	घ	न	भ	◌ा	व	न	◌ा	ए	◌ँ	◌ा

स्वीकृति
ध्यान
शांत
स्पष्टता
दया
भावनाएँ
दयालुता
कृतज्ञता
मानसिक
मन
गति
संगीत
प्रकृति
अवलोकन
शांति
विचार
आसन
श्वास
मौन

63 - Estate

स	म	◌ु	द	◌्	र	त	ट	य	◌ा	त	◌्	र	◌ा
न	घ	प	इ	भ	इ	ब	ष	ण	ख	ध	ध	ध	ण
ग	ऊ	स	◌ं	ग	◌ी	त	ब	ष	ग	ल	उ	म	ञ
ह	ढ	◌ि	द	ठ	त	ह	ग	च	य	ह	ख	ण	स
र	श	त	ऊ	भ	ध	द	◌ी	ग	ण	उ	र	स	◌ै
◌्	फ	◌ा	द	ख	ह	घ	च	य	ढ	उ	आ	उ	◌ं
ष	स	र	◌ो	ड	◌े	र	◌ा	ड	◌ा	ल	न	◌ा	ड
घ	म	◌े	स	ह	इ	ल	च	थ	ड	च	न	घ	ल
छ	◌ु	ट	◌्	ट	◌ी	प	◌ु	स	◌्	त	क	◌े	◌ं
भ	द	ष	त	ड	न	प	र	य	च	ग	श	ण	र
ञ	◌्	भ	◌ो	ज	न	ए	ख	◌ि	◌ा	उ	न	ख	फ
ढ	र	छ	◌ं	अ	व	क	◌ा	श	व	द	व	ध	च
व	◌ि	श	◌्	र	◌ा	म	श	ऊ	ह	◌ा	◌े	फ	ञ
ष	ह	ख	ड	◌ा	इ	व	◌ि	◌ं	ग	भ	र	◌ं	फ

दोस्तों
डेरा डालना
घर
भोजन
परिवार
बगीचा
खेल
हर्ष
डाइविंग
पुस्तकें
समुद्र
संगीत
यादें
विश्राम
सैंडल
समुद्र तट
सितारे
अवकाश
छुट्टी
यात्रा

64 - Escursionismo

इ	ऊ	ड	छ	प	ष	न	ह	र	ख	ढ	च	घ	श
थ	क	ग	य	◌ा	ह	य	व	ख	त	स	ह	ठ	◌ि
त	◌ै	य	◌ा	र	◌ी	◌ा	उ	थ	र	◌ू	म	म	ख
प	◌्	र	क	◌ृ	त	◌ि	ड	प	◌ो	र	उ	य	र
ज	◌ू	त	◌े	ठ	ष	ढ	म	◌़	◌ं	◌्	त	व	स
अ	भ	◌ि	व	◌ि	न	◌्	य	◌ा	स	य	प	च	म
ड	च	ऊ	भ	छ	म	आ	उ	ग	प	◌ा	न	◌ी	◌्
म	ऊ	प	ष	ढ	न	ह	थ	ड	ग	◌ा	इ	ड	म
भ	◌ा	र	◌ी	द	ज	◌ा	न	व	र	◌ो	◌ं	भ	◌े
स	स	घ	ज	◌ं	ग	ल	◌ी	द	ञ	ह	म	इ	ल
च	ट	◌्	ट	◌ा	न	ध	व	ऊ	द	व	म	ञ	न
प	◌ा	र	◌्	क	ड	◌े	र	◌ा	ड	◌ा	ल	न	◌ा
उ	न	क	◌्	श	◌ा	र	ड	स	य	ड	आ	ड	र
च	ञ	छ	श	प	त	◌्	थ	र	स	◌ु	न	द	व

पानी
जानवरों
डेरा डालना
जलवायु
गाइड
नक्शा
पहाड़
प्रकृति
अभिविन्यास
पार्क
खतरों
भारी
पत्थर
तैयारी
चट्टान
जंगली
सूर्य
थक गया
जूते
शिखर सम्मेलन

65 - Professioni #1

श	व	ठ	ख	ब	र	स	न	ऊ	आ	आ	म	ख	ख
◌ि	◌ै	ड	स	◌ै	◌ा	◌ं	र	र	त	ग	न	ग	ब
क	ज	ण	उ	◌ं	ज	प	स	द	◌्	इ	◌ो	◌ो	ठ
◌ा	◌्	◌ौ	द	क	द	◌ा	स	य	व	स	व	ल	ल
र	ञ	ब	ह	र	◌ू	द	द	श	व	ब	◌ै	व	स
◌ी	◌ा	ल	उ	र	त	क	ख	ए	ढ	म	ज	◌ि	◌ं
ल	न	श	ष	ट	◌ी	क	ठ	ख	छ	ए	◌्	ज	ग
ध	◌ि	त	ल	च	ध	ए	◌ो	ख	छ	च	ञ	◌्	◌ी
च	क	न	ल	स	◌ा	ज	◌़	च	ऊ	न	◌ा	ञ	त
प	◌ि	य	◌ा	न	◌ो	व	◌ा	द	क	र	न	◌ा	क
श	प	ण	म	ख	व	म	य	स	ब	◌्	◌ि	न	◌ा
भ	◌ू	व	◌ि	ज	◌्	ञ	◌ा	न	◌ी	त	क	◌ी	र
क	ल	◌ा	क	◌ा	र	ख	औ	ष	ध	क	◌ा	र	क
आ	ध	घ	ब	ह	श	ष	प	व	क	◌ो	ल	ग	त

कोच
राजदूत
कलाकार
खगोल विज्ञानी
वकील
नर्तकी
बैंकर
शिकारी
संपादक
औषधकारक
भूविज्ञानी
जौहरी
नलसाज़
नर्स
संगीतकार
पियानोवादक
मनोवैज्ञानिक
वैज्ञानिक

66 - Antartide

स	घ	छ	ब	◌ा	द	ल	ठ	ड	द	थ	ष	स	ठ
ल	◌ं	द	◌्	व	◌ी	प	स	म	◌ू	ह	ण	◌्	य
फ	ढ	र	ए	त	फ	ट	ह	◌ि	म	न	द	थ	स
स	ण	र	क	म	ह	◌ा	द	◌्	व	◌ी	प	ल	ण
ख	व	◌ै	ज	◌्	ञ	◌ा	न	◌ि	क	ऊ	◌ा	◌ा	भ
ग	ए	ऊ	ए	ह	ष	व	प	श	ष	भ	न	क	उ
श	घ	थ	ठ	ण	घ	ण	◌्	म	आ	◌ू	◌ी	◌ृ	च
◌ो	प	थ	र	◌ी	ल	◌ा	र	ह	ए	ग	ब	त	न
ध	ड	आ	ञ	ब	इ	ख	व	ध	◌े	◌ो	आ	◌ि	अ
क	ड	ग	त	◌ा	प	म	◌ा	न	ष	ल	व	ञ	भ
र	ख	ए	ट	द	ञ	भ	स	ऊ	ब	र	◌्	फ	◌ि
◌्	ढ	न	प	◌्	र	◌ा	य	द	◌्	व	◌ी	प	य
त	ब	◌े	◌ि	छ	स	ठ	भ	त	ल	ण	ब	य	◌ा
◌ा	व	द	च	ज	प	र	◌्	य	◌ा	व	र	ण	न

पानी
पर्यावरण
बे
व्हेल
संरक्षण
महाद्वीप
भूगोल
हिमनद
बर्फ
द्वीप समूह
प्रवास
खनिज
बादल
प्रायद्वीप
शोधकर्ता
पथरीला
वैज्ञानिक
अभियान
तापमान
स्थलाकृति

67 - Libri

आ	फ	भ	प	◌ृ	ष	◌्	ठ	उ	त	छ	ल	इ	स
ण	व	प	प	◌ा	ठ	क	य	प	ष	व	◌ि	य	◌ं
ध	ट	◌ि	फ	ऊ	ल	न	ऊ	न	द	◌ु	ख	द	द
द	ख	व	ष	क	ल	ढ	इ	◌्	क	ब	◌ि	प	र
◌्	ण	द	ण	◌्	व	द	स	य	ह	स	त	◌्	◌्
व	ल	◌े	ख	क	क	◌ि	ढ	◌ा	◌ा	भ	स	र	भ
◌ं	म	द	म	ण	प	◌ा	त	स	न	ह	◌ं	◌ा	ऐ
द	स	◌ा	ह	स	◌ि	क	र	◌ा	◌ी	भ	ग	स	त
◌्	थ	त	◌ा	व	ग	थ	घ	श	इ	ढ	◌्	◌ं	◌ि
व	द	थ	क	◌ि	फ	◌ा	ब	◌ृ	◌ी	ष	र	ग	ह
ठ	न	उ	◌ा	न	ठ	व	ख	◌ं	छ	ल	ह	◌ि	◌ा
ए	ध	फ	व	◌ो	स	◌ा	र	ख	ञ	घ	उ	क	स
व	ख	आ	◌्	द	भ	च	भ	ल	भ	फ	ढ	छ	◌ि
व	छ	त	य	◌ी	श	क	ऊ	◌ा	व	ऊ	ठ	ए	क

लेखक
साहसिक
संग्रह
संदर्भ
द्वंद्व
महाकाव्य
आविष्कारशील
पाठक
कथावाचक
पृष्ठ
कविता
प्रासंगिक
उपन्यास
लिखित
श्रृंखला
कहानी
ऐतिहासिक
दुखद
विनोदी

68 - Geografia

द	फ	द	◌्	व	◌ी	प	न	व	उ	फ	ए	इ	द
म	ख	◌े	व	प	ख	ऊ	न	ख	स	त	स	श	ध
ह	प	श	◌्	च	◌ि	म	क	न	द	◌ी	◌्	छ	स
◌ा	ह	◌ा	ह	म	द	ध	◌्	ए	◌े	घ	प	त	द
द	◌ा	न	ल	र	क	◌्	श	प	श	आ	ध	क	र
◌्	ड	◌्	द	ष	◌्	य	◌ा	उ	ष	स	फ	◌्	प
व	◌़	त	◌ु	म	ष	◌ा	अ	ध	ण	ए	ड	ष	न
◌ी	थ	र	न	इ	◌ि	ह	द	क	थ	ब	ग	◌े	स
प	घ	श	◌ि	ह	ण	◌्	ट	प	◌्	ह	◌ो	त	ञ
ष	फ	ष	य	ठ	फ	न	य	ह	व	ष	ल	◌्	छ
ऊ	◌ं	च	◌ा	ई	ए	ट	ल	स	उ	प	◌ा	र	ढ
भ	प	ध	य	ह	फ	ल	ट	◌ा	ख	य	र	◌ं	च
ट	ब	ग	द	द	म	ह	ख	ग	श	ल	◌्	स	श
भ	ण	ह	स	म	◌ु	द	◌्	र	च	न	ध	ह	फ

ऊंचाइ
एटलस
शहर
महाद्वीप
गोलार्ध
नदी
द्वीप
अक्षांश
देशान्तर
नक्शा

समुद्र
मध्याह्न
दुनिया
पहाड़
उत्तर
सागर
पश्चिम
देश
दक्षिण
क्षेत्र

69 - Cibo #1

फ	च	ह	ह	थ	प	ल	ठ	म	त	र	न	छ	न
द	फ	ए	उ	छ	◌ु	ह	त	ल	ग	र	च	ब	◌ी
ट	◌ू	न	◌ा	न	द	स	त	ऊ	◌ा	ञ	◌ी	आ	◌ं
द	द	स	ड	य	◌ी	◌ु	◌ु	त	ज	◌ौ	न	व	ब
ग	व	◌ा	◌्	ह	न	न	ल	घ	र	ट	◌ी	ग	◌ू
स	न	उ	ल	ट	◌ा	प	स	ञ	भ	त	घ	ठ	ख
त	ञ	ढ	श	च	◌्	श	◌ी	ऊ	ठ	इ	म	ढ	ण
ढ	म	ए	न	त	◌ी	र	स	ल	◌ा	द	◌ा	ण	ख
प	◌्	य	◌ा	ज	च	न	◌ॉ	ञ	ड	ड	◌ं	थ	स
च	ए	व	श	ल	ज	म	◌ी	ब	ल	श	स	भ	र
इ	र	ड	प	ध	र	ख	प	ड	◌े	ष	उ	उ	त
न	र	ठ	◌ा	न	द	य	प	◌ा	म	र	द	◌ू	ध
स	स	आ	त	न	म	क	◌े	क	ल	ह	◌ी	फ	व
इ	उ	फ	◌ी	य	उ	उ	म	र	आ	क	त	ह	ऊ

लहसुन
तुलसी
दालचीनी
मांस
गाजर
प्याज
स्ट्रॉबेरी
सलाद
दूध
नींबू
पुदीना
जौ
नाशपाती
शलजम
नमक
पालक
रस
टूना
केक
चीनी

70 - Aeroplani

ह	व	ध	उ	ष	भ	ग	न	थ	ण	ह	द	अ	अ
थ	◌ा	स	ब	ग	ब	व	◌ि	य	ञ	ह	ऊ	व	श
ट	य	इ	ग	◌ु	स	◌ा	र	त	◌ा	ल	र	त	◌ा
आ	◌ु	त	ड	ब	ह	य	◌्	ण	र	त	ष	र	◌ं
क	म	◌ि	ड	◌्	स	◌ु	म	ग	ब	ल	◌्	ण	त
◌ा	◌ं	ह	ण	ब	र	प	◌ा	य	ल	ट	न	र	◌ि
श	ड	◌ा	द	◌ा	स	◌ो	ण	इ	ण	ब	◌े	य	◌ी
उ	ल	स	◌ि	र	◌ा	भ	ज	ऊ	फ	ष	व	ड	ठ
क	व	◌ं	श	◌ा	ह	भ	ण	न	ह	र	◌ि	म	ड
ढ	◌्	उ	◌ा	इ	स	स	इ	ग	ए	ह	ग	ए	◌ि
र	ऊ	र	स	◌ं	◌ि	ऊ	◌ं	च	◌ा	ई	◌े	च	ज
ण	ड	द	◌ू	ज	क	ग	इ	ठ	भ	◌ं	ट	इ	◌ा
ब	र	न	ब	न	त	व	ट	त	ट	ध	ष	ग	इ
आ	आ	घ	ग	ट	घ	ब	ष	ण	च	न	ह	न	न

ऊंचाइ
वायु
वायुमंडल
अवतरण
साहसिक
ईंधन
आकाश
निर्माण
डिजाइन
दिशा
वंश
क्रू
हाइड्रोजन
इंजन
नेविगेट
गुब्बारा
यात्री
पायलट
इतिहास
अशांति

71 - Pirati

क	ग	◌ु	फ	◌ा	त	य	उ	ढ	स	फ	ञ	य	स
ण	प	द	उ	च	घ	छ	द	इ	ठ	ष	ध	ए	◌ा
आ	ठ	◌्	ख	ज	◌ा	न	◌ा	द	ध	ख	आ	त	ह
य	त	व	त	ध	स	स	न	◌ं	ड	भ	ठ	ल	स
उ	र	◌ी	◌ो	◌ा	◌ो	म	◌ि	त	ल	ग	र	व	◌ि
ष	थ	प	त	श	न	◌ु	श	क	झ	◌ं	ड	◌ा	क
ठ	ष	य	◌ा	ष	◌ा	द	◌ा	थ	◌्	र	ग	र	म
ञ	उ	श	ञ	ख	ड	◌्	न	◌ा	न	क	◌्	र	◌ू
ब	◌ु	र	◌ा	फ	म	र	ल	ऊ	फ	फ	◌े	ऊ	ऊ
ध	च	ढ	ख	ठ	ख	त	र	◌ा	फ	थ	ञ	ध	घ
च	ष	भ	ह	ठ	श	ट	द	ठ	इ	ड	उ	च	य
द	◌ि	क	◌्	स	◌ू	च	क	आ	ऊ	थ	च	आ	द
ल	छ	आ	भ	ए	न	ढ	ड	ऊ	ठ	फ	व	उ	च
ड	ल	प	छ	ग	न	क	◌्	श	◌ा	य	ठ	ख	उ

लंगर
साहसिक
झंडा
दिक्सूचक
कप्तान
बुरा
निशान
क्रू
गुफा
द्वीप
दंतकथा
नक्शा
सिक्के
सोना
तोता
खतरा
रम
तलवार
समुद्र तट
खजाना

72 - Spiaggia

ब	स	न	छ	ब	ट	त	स	◌ा	ग	र	स	म	प
ण	◌े	◌ै	◌ी	ल	◌ै	ग	◌ू	न	इ	उ	म	व	उ
ठ	ल	र	◌ं	ल	घ	फ	र	फ	ख	प	◌ु	ल	ण
ध	ब	म	आ	ड	◌ा	न	◌्	इ	ध	ग	द	म	घ
न	◌ो	ष	त	◌ौ	ल	◌ि	य	◌ा	ग	त	◌्	भ	छ
च	ट	◌्	ट	◌ा	न	ऊ	ग	ढ	इ	र	र	च	◌ु
य	र	ह	ड	र	थ	ञ	◌ो	ऊ	ब	स	ध	उ	ट
क	◌े	क	ड	◌़	◌ा	ढ	द	आ	ड	ह	प	र	◌्
ठ	त	ध	श	र	श	न	◌ी	द	घ	ब	ट	इ	ट
भ	श	ठ	ए	ठ	ट	छ	◌ा	त	◌ा	ड	भ	न	◌ी
ञ	ड	इ	न	ष	ढ	द	◌्	व	◌ी	प	श	र	ड
आ	र	थ	द	ख	भ	ष	आ	घ	व	त	त	म	स
आ	ट	ड	र	भ	ल	घ	श	ब	श	ट	य	ग	ल
ठ	फ	ह	ञ	श	उ	ठ	र	भ	ट	थ	व	र	म

तौलिया
नाव
सेलबोट
नीला
तट
गोदी
केकड़ा
द्वीप
लैगून

समुद्र
सागर
छाता
रेत
सैंडल
चट्टान
सूर्य
छुट्टी

73 - Avventura

प	ए	म	ख	फ	उ	ञ	म	ौ	क	ा	च	ल	द
थ	अ	ए	उ	य	त	अ	स	ा	म	ा	न	्	य
प	प	व	म	ख	्	त	क	घ	म	न	य	ह	स
्	्	ी	स	त	स	श	ै	ठ	थ	ण	ा	ग	ु
र	र	र	द	र	ा	र	ग	य	ि	ध	इ	ल	र
द	क	त	ो	न	ह	र	्	ष	ा	न	ऊ	उ	क
र	ृ	ा	स	ा	स	ठ	ठ	ष	ढ	र	ा	स	्
्	त	म	्	क	भ	्	र	म	ण	ल	ी	ई	ष
श	ि	न	त	ग	त	ि	व	ि	ध	ि	य	ल	ा
न	ञ	आ	ो	त	द	थ	ड	ऊ	म	न	ा	ख	प
इ	स	ु	ं	द	र	त	ा	भ	ध	स	त	ए	ए
ग	ं	त	व	्	य	भ	थ	र	ण	प	्	ग	ह
द	ढ	व	ऊ	ष	आ	फ	ध	ग	श	श	र	ट	ष
ब	च	ु	न	ौ	त	ि	य	ो	ं	म	ा	थ	र

दोस्तों
गतिविधि
सुंदरता
मौका
वीरता
गंतव्य
कठिनाई
उत्साह
भ्रमण
हर्ष
असामान्य
प्रकृति
पथ प्रदर्शन
नया
अवसर
खतरनाक
तैयारी
चुनौतियों
सुरक्षा
यात्रा

74 - Forme

स	उ	ल	ञ	ट	स	च	ऊ	स	ब	प	म	घ	न
प	◌ि	र	◌ा	म	◌ि	ड	भ	ञ	ह	ट	क	छ	ढ
ञ	प	ल	द	भ	च	र	प	छ	◌ु	ऊ	उ	◌्	ल
क	◌ो	न	◌े	श	अ	व	र	घ	भ	ट	ऊ	न	ष
त	ण	र	ष	◌ं	◌ं	क	◌े	फ	◌ु	त	म	व	ख
ठ	ग	फ	ध	क	ड	◌्	ख	च	ज	ए	फ	ग	व
ढ	ऊ	थ	स	◌ु	◌ा	र	◌ा	ध	र	ट	द	◌ो	ध
ट	न	म	ड	भ	क	◌ि	न	◌ा	र	◌ो	◌ं	ल	ऊ
व	ग	छ	च	त	◌ा	भ	फ	घ	आ	इ	ट	त	ऊ
न	र	आ	द	◌ी	र	◌्	घ	व	◌ृ	त	◌्	त	म
ल	प	◌्	र	◌ि	ज	◌्	म	व	◌ृ	त	◌्	त	त
ड	ध	न	ग	श	त	फ	च	◌ा	प	ए	आ	ठ	न
ब	ष	त	ण	श	व	व	त	◌्	र	◌ि	क	◌ो	ण
आ	य	त	फ	स	ञ	थ	ष	द	ण	प	न	प	त

कोने
चाप
किनारों
वृत्त
सिलेंडर
शंकु
घन
वक्र
दीर्घवृत्त
पक्ष
रेखा
अंडाकार
पिरामिड
बहुभुज
प्रिज्म
वर्ग
आयत
गोल
त्रिकोण

75 - Oceano

ल	न	स	य	ऊ	इ	ट	स	ख	इ	व	प	च	न
ड	ह	न	◌ा	व	म	◌ू	◌ं	ग	◌ा	◌्	श	ण	आ
◌ॉ	श	र	म	प	ज	च	च	र	ग	ह	स	ड	ध
ल	◌ै	उ	◌े	छ	◌े	ब	ए	ट	श	◌े	ऊ	न	भ
◌्	व	ब	इ	◌ं	ल	स	घ	छ	◌्	ल	ध	म	इ
फ	◌ा	न	उ	प	◌ि	◌ी	ड	ष	प	ट	श	क	आ
◌ि	ल	र	ऊ	फ	फ	प	झ	◌ी	◌ं	ग	◌ा	द	◌ं
न	क	◌े	क	ड	◌्	◌ा	ब	ढ	इ	ञ	र	न	ध
द	ण	ह	ञ	फ	◌िं	उ	व	ड	ऊ	थ	◌्	ट	◌ी
ग	श	प	ठ	ऊ	श	ग	क	छ	◌ु	आ	क	◌ू	ह
ऑ	क	◌्	ट	◌ो	प	स	भ	ड	स	ह	ठ	न	ञ
ड	छ	स	द	र	ह	ल	ञ	ट	स	ऊ	म	◌ा	इ
ड	घ	घ	प	स	◌्	प	◌ं	ज	◌्	व	◌ा	र	आ
ध	ण	ख	ड	य	ञ	ट	ञ	फ	ञ	इ	ब	ग	छ

शैवाल
व्हेल
नाव
मूंगा
डॉल्फिन
झींगा
केकड़ा
ज्वार
जेलिफ़िश
लहरें
सीप
मछली
ऑक्टोपस
नमक
चट्टान
स्पंज
शार्क
कछुआ
आंधी
टूना

76 - Famiglia

ब	च	प	न	ण	भ	य	ष	न	य	ध	इ	त	प
ऊ	ष	◌ो	य	र	त	घ	म	द	च	ए	थ	ण	◌ै
द	प	त	ठ	ऊ	◌ी	द	◌ा	द	◌ा	श	इ	ट	त
ञ	इ	◌ा	छ	च	ज	ख	त	च	ख	म	ग	छ	◌ृ
ड	ध	प	त	च	◌ा	ब	◌ृ	प	त	◌ि	द	ब	क
ग	च	भ	◌ू	◌े	व	व	ब	ह	न	आ	म	ए	य
च	◌ा	च	◌ा	र	द	च	म	च	प	◌ि	त	◌ा	ख
भ	न	ड	ढ	◌ा	◌्	भ	◌ा	ई	◌्	भ	त	व	ए
य	य	च	आ	भ	उ	व	◌ं	च	ब	च	◌्	च	◌े
द	◌ा	द	◌ी	◌ा	ट	ध	ज	ड	◌ी	य	◌ा	प	ड
ठ	छ	म	त	ई	श	ढ	र	म	व	आ	इ	इ	ण
त	ए	भ	स	व	ठ	ण	ट	त	◌ी	ञ	ह	ध	व
ष	ब	◌े	ट	◌ी	ढ	ध	ण	ऊ	ख	थ	ह	च	ढ
ग	ह	र	ण	ग	स	ण	ख	न	उ	आ	न	इ	थ

पूर्वज
बच्चे
बच्चा
चचेरा भाई
बेटी
भाई
बचपन
मां
पति
मातृ
बीवी
भतीजा
पोता
दादी
दादा
पिता
पैतृक
बहन
चाची
चाचा

77 - Veicoli

भ	ू	म	ि	ग	त	म	ा	र	्	ग	घ	ल	ट
ह	ब	स	व	उ	फ	फ	ह	ध	घ	र	न	ड	्
त	े	प	भ	ह	े	ल	ी	क	ॉ	प	्	ट	र
प	ड	प	न	ड	ु	ब	्	ब	ी	ढ	ऊ	श	े
व	़	ध	च	ौ	र	ो	ग	ी	व	ा	ह	न	न
ि	ा	म	ठ	ट	क	ा	र	घ	इ	ए	भ	भ	ष
म	इ	ध	प	्	क	ा	र	व	ा	ं	ट	उ	ट
ा	स	व	त	र	ह	आ	ष	ट	ा	य	र	ब	ट
न	ा	व	न	ै	भ	च	उ	ण	ै	ठ	भ	थ	स
र	इ	स	्	क	ू	ट	र	उ	ण	क	ष	ऊ	म
ॉ	क	ण	न	्	म	ग	ट	स	ष	ष	्	श	र
क	ि	व	घ	ट	ो	घ	ट	्	व	ष	श	स	व
े	ल	श	आ	र	ट	ढ	ब	स	र	ऊ	व	व	ी
ट	आ	ऊ	र	ए	र	ञ	ठ	ग	य	क	आ	ह	ण

विमान
रोगी वाहन
कार
बस
नाव
साइकिल
ट्रक
कारवां
हेलीकॉप्टर
भूमिगत मार्ग
मोटर
टायर
रॉकेट
स्कूटर
पनडुब्बी
टैक्सी
नौका
ट्रैक्टर
ट्रेन
बेड़ा

78 - Emozioni

भ	ब	प	ण	घ	प	र	म	◌ा	न	◌ं	द	आ	उ
ध	आ	ए	भ	थ	क	◌्	र	◌ो	ध	ट	ग	भ	द
थ	ध	श	ढ	ट	प	फ	य	श	ष	घ	ध	◌ा	◌ा
ध	श	र	◌्	म	◌ि	◌ं	द	◌ा	द	ष	द	र	स
ल	त	द	ड	च	ह	न	ख	◌ं	र	इ	न	◌ी	◌ी
इ	ण	ख	ह	म	र	द	ऊ	त	ए	स	र	च	ड
ठ	य	व	ए	न	द	◌्	ह	◌ि	प	उ	श	भ	त
म	उ	ठ	फ	ण	य	फ	य	र	ण	म	◌ा	इ	घ
ट	इ	छ	ठ	घ	◌ा	घ	म	च	◌ा	थ	◌ं	र	छ
प	द	क	◌ो	म	ल	त	◌ा	प	ट	ह	त	ढ	ख
न	स	ह	◌ा	न	◌ु	भ	◌ू	त	◌ि	ट	त	ड	र
ब	◌ो	र	◌ि	य	त	स	◌ं	त	◌ु	ष	◌्	ट	इ
व	ऊ	◌्	य	ढ	◌ा	ब	ष	इ	इ	ष	प	र	य
ब	य	ष	भ	ल	ऊ	न	व	य	च	ड	घ	स	आ

प्यार
परमानंद
शांत
दयालुता
हर्ष
आभारी
शर्मिंदा
बोरियत
शांति
डर
क्रोध
राहत
सहानुभूति
संतुष्ट
आश्चर्य
कोमलता
उदासी

79 - Natura

उ	ग	◌्	ल	◌े	श	◌ि	य	र	थ	आ	र	ट	ढ
ष	ग	ठ	र	ट	ट	ध	ह	ष	श	श	◌े	स	प
◌्	य	त	प	ड	व	श	ड	द	स	◌्	ग	स	ट
ण	उ	ए	◌ि	घ	ड	र	प	ऊ	◌ु	र	◌ि	उ	इ
क	फ	र	ध	श	इ	च	ट	उ	◌ं	य	स	त	ड
ट	◌ो	थ	न	द	◌ी	श	ब	द	द	ष	◌्	ग	द
◌ि	ष	ह	व	न	र	ल	भ	न	र	त	त	र	ढ
ब	छ	आ	र	फ	इ	प	त	◌्	त	◌े	◌ा	ग	ग
◌ं	ड	ऊ	ड	◌ा	घ	व	ह	ष	◌ा	ब	न	च	ज
ध	न	◌ि	र	◌्	म	ल	ज	◌ा	न	व	र	◌ो	◌ं
◌ी	आ	र	◌्	क	ट	◌ि	क	इ	ड	ड	घ	श	ग
य	अ	भ	य	◌ा	र	ण	◌्	य	म	◌्	ग	ढ	ल
म	ध	◌ु	म	क	◌्	ख	◌ि	य	◌ो	◌ं	◌ो	ट	◌ी
क	ट	◌ा	व	ब	◌ा	द	ल	घ	न	ल	घ	◌ं	आ

जानवरों
मधुमक्खियों
आर्कटिक
सुंदरता
रेगिस्तान
गतिशील
कटाव
नदी
पत्ते
वन
ग्लेशियर
पहाड़ों
कोहरा
बादल
आश्रय
अभयारण्य
जंगली
निर्मल
उष्णकटिबंधीय

80 - Balletto

व	ऑ	ड	न	ण	व	त	ल	ऊ	स	च	ष	न	स
◌ा	र	ढ	आ	न	य	◌ी	स	◌ू	च	क	स	◌ृ	◌ं
ह	◌्	भ	फ	छ	र	व	फ	इ	त	ठ	म	त	ग
व	क	च	ह	अ	भ	◌्	य	◌ा	स	फ	ब	◌्	◌ी
◌ा	◌े	त	◌ा	ल	ख	र	त	न	श	इ	◌ै	य	त
ह	स	◌ं	ग	◌ी	त	त	व	क	◌ौ	श	ल	क	क
◌ी	◌्	न	इ	ह	फ	◌ा	इ	ल	◌ि	भ	◌े	ल	◌ा
ट	ट	ए	आ	श	◌ै	ल	◌ी	◌ा	त	य	उ	◌ा	र
य	◌्	आ	ब	च	◌ा	छ	र	त	क	ड	◌ो	घ	ग
ख	र	ख	ट	श	म	र	ऊ	◌्	न	त	ष	◌ं	ठ
इ	◌ा	स	◌ु	◌ं	द	र	◌ा	म	◌ी	ल	ढ	ञ	आ
र	◌ि	ह	र	◌्	स	ल	ऊ	क	क	ल	ह	व	ग
इ	घ	ब	ढ	भ	ठ	म	द	र	◌्	श	क	छ	प
म	◌ा	◌ं	स	प	◌े	श	◌ि	य	◌ो	◌ं	त	घ	य

कौशल
वाहवाही
कलात्मक
बैले
नर्तकियों
संगीतकार
नृत्यकला
सूचक
इशारा
सुंदर

तीव्रता
मांसपेशियों
संगीत
ऑर्केस्ट्रा
अभ्यास
रिहर्सल
दर्शक
ताल
शैली
तकनीक

81 - Castelli

र	त	◌ा	ज	भ	र	◌ा	ज	व	◌ं	श	ण	म	भ
ख	◌ा	ई	च	स	◌ा	म	◌्	र	◌ा	ज	◌्	य	ड
त	प	ज	छ	ष	ज	य	आ	र	त	ल	म	ग	ठ
श	उ	द	क	म	क	म	ग	◌ु	ल	◌े	ल	◌े	य
थ	◌ू	अ	आ	◌ु	◌ु	ह	ह	म	व	भ	थ	◌ं	स
ट	भ	र	ज	स	म	ल	द	श	◌ा	ड	ह	ड	◌ा
फ	इ	थ	व	ग	◌ा	◌ा	इ	ष	र	ल	ट	◌ा	म
ग	इ	ठ	इ	◌ी	र	क	र	द	इ	ड	च	ड	◌ं
छ	त	स	भ	ट	र	◌ि	म	◌ी	न	◌ा	र	ढ	त
क	व	च	छ	न	न	ल	ह	व	ञ	ग	प	भ	◌ी
घ	◌ो	ड	◌़	◌ा	च	◌े	◌ा	◌ा	इ	ए	छ	म	त
आ	ब	प	र	ऊ	ट	ञ	न	र	य	न	उ	ठ	आ
स	ढ	ल	प	ढ	ठ	ह	भ	ए	ड	ब	इ	उ	ष
भ	द	ष	ञ	ऊ	च	छ	ध	स	ढ	त	थ	इ	ब

कवच
गुलेल
शूरवीर
घोड़ा
ताज
राजवंश
अजगर
सामंती
किले
खाई
साम्राज्य
महान
महल
दीवार
राजकुमार
राजकुमारी
तलवार
मीनार
गेंडा

82 - Campionato

व	त	ठ	च	प	ण	फ	त	श	ञ	ब	आ	च	ट
प	च	फ	ठ	◌ै	त	न	र	न	घ	ध	ग	◌ै	◌ू
व	स	ह	न	आ	म	ढ	द	फ	ढ	ड	त	◌ं	र
प	ट	◌ी	म	भ	प	◌्	र	◌े	र	ण	◌ा	प	◌्
द	र	ण	न	◌ी	त	◌ि	प	प	ग	त	द	◌ि	न
क	ष	ग	ख	◌ा	फ	ड	भ	◌ि	स	उ	ब	य	◌ा
व	◌ि	ज	य	ए	ब	आ	म	ग	य	श	ग	न	म
न	◌्	य	◌ा	य	◌ा	ध	◌ी	श	ऊ	न	ऊ	स	◌े
म	ब	ग	ख	न	ठ	ल	ए	थ	ट	ल	श	ड	◌ं
फ	न	व	ध	ग	ण	फ	फ	व	ग	ख	ट	◌ि	ट
फ	स	र	थ	ट	ढ	ण	◌ा	ग	घ	य	प	ण	प
त	उ	ह	न	उ	ऊ	थ	इ	ष	य	म	ण	थ	य
प	◌्	र	द	र	◌्	श	न	न	थ	क	◌ो	च	ट
न	प	ठ	ढ	भ	ख	◌े	ल	◌ी	ग	ल	छ	ण	व

कोच
चैम्पियनशिप
चैंपियन
फाइनल
खेल
न्यायाधीश
लीग
पदक
प्रेरणा
प्रदर्शन
सहन
टीम
रणनीति
पसीना
टूर्नामेंट
विजय

83 - Foresta Pluviale

म	स	म	◌ु	द	◌ा	य	ञ	ब	ब	स	प	म	ब
ण	◌ू	य	ञ	ग	श	थ	भ	ग	ह	ठ	ठ	य	थ
ह	ए	ल	ख	र	श	र	ण	ठ	◌ा	ऊ	प	भ	भ
उ	ड	प	◌्	र	क	◌ृ	त	◌ि	ल	ष	क	◌ा	ई
व	त	उ	भ	य	च	र	भ	ऊ	◌ी	ज	◌ं	ग	ल
◌ा	ट	◌्	ड	ध	व	ब	क	◌ी	ड	◌़	◌े	श	प
न	स	◌्	त	न	ध	◌ा	र	◌ी	थ	ठ	प	च	क
स	व	द	स	र	र	द	न	ह	फ	थ	द	स	◌्
◌्	◌ि	श	◌ं	स	ज	ल	ञ	ड	ए	ह	द	◌्	ष
प	व	ट	र	ल	ट	◌ी	भ	आ	इ	ञ	आ	व	◌ी
त	◌ि	ख	क	इ	स	ढ	व	र	व	ग	ष	द	इ
◌ि	ध	प	◌्	र	ज	◌ा	त	◌ि	य	◌ा	◌ं	◌े	र
क	त	इ	ष	ञ	ञ	ग	स	ग	त	ष	थ	श	आ
ऊ	◌ा	ख	ण	ज	ल	व	◌ा	य	◌ु	◌ा	त	◌ी	र

उभयचर
वानस्पतिक
जलवायु
समुदाय
विविधता
जंगल
स्वदेशी
कीड़े
स्तनधारी
काई
प्रकृति
बादल
संरक्षण
मूल्यवान
बहाली
शरण
आदर
उत्तरजीविता
प्रजातियां
पक्षी

84 - Edifici

द	ल	म	◌ी	न	◌ा	र	स	र	स	ख	ष	स	स
ख	◌ू	ह	◌ो	ट	ल	आ	◌ु	त	◌ं	ब	◌ू	स	◌्
च	ब	त	छ	ध	ल	ब	प	श	ग	इ	ख	◌ि	ट
म	अ	आ	◌ा	द	ए	उ	र	ख	◌्	व	छ	न	◌े
द	प	ष	ट	व	ध	ख	म	प	र	◌े	इ	◌े	ड
छ	◌ा	त	◌्	र	◌ा	व	◌ा	स	ह	ध	ठ	म	◌ि
इ	र	ब	य	म	प	स	र	क	◌ा	श	स	◌ा	य
व	◌्	उ	भ	आ	ऊ	इ	◌्	◌े	ल	◌ा	ख	उ	म
थ	ट	ड	ह	ट	इ	स	क	ब	य	ल	ल	य	क
◌ि	म	ध	ह	प	इ	द	◌े	◌ि	ष	◌ा	◌ि	उ	◌ि
ए	◌े	स	◌्	क	◌ू	ल	ट	न	ए	ग	ह	श	ल
ट	◌ं	प	र	प	◌्	र	य	◌ो	ग	श	◌ा	ल	◌ा
र	ट	थ	भ	फ	◌ै	क	◌्	ट	र	◌ी	न	फ	छ
अ	स	◌्	प	त	◌ा	ल	इ	ध	व	श	भ	ल	थ

दूतावास
अपार्टमेंट
केबिन
किला
सिनेमा
फैक्टरी
खलिहान
होटल
प्रयोगशाला
संग्रहालय
अस्पताल
वेधशाला
छात्रावास
स्कूल
स्टेडियम
सुपरमार्केट
थिएटर
तंबू
मीनार

85 - Paesi #2

य	फ	च	र	उ	ल	आ	य	र	ल	◌ै	◌ं	ड	ड
स	◌ू	म	ध	घ	न	त	◌ू	स	य	ट	उ	आ	ध
थ	◌ू	न	◌े	प	◌ा	ल	क	◌ी	◌ु	ऊ	इ	प	ठ
ऊ	ध	ड	◌ा	य	ध	ल	◌्	र	ग	थ	◌ं	◌ा	य
श	इ	प	◌ा	न	ज	ए	र	◌ि	◌ा	प	ड	क	थ
न	उ	ण	ष	न	◌ा	उ	◌े	य	◌ं	ट	◌ो	◌ि	इ
य	छ	व	श	ट	प	श	न	◌ा	ड	भ	न	स	थ
स	च	ब	श	ख	◌ा	ब	न	ठ	◌ा	स	◌े	◌्	◌ि
छ	ऊ	ख	ड	◌े	न	म	◌ा	र	◌्	क	श	त	य
अ	ल	◌्	ब	◌ा	न	◌ि	य	◌ा	त	म	◌ि	◌ा	◌ो
ल	◌ा	इ	ब	◌े	र	◌ि	य	◌ा	ट	घ	य	न	प
छ	◌ा	थ	र	र	ख	ट	ह	◌ै	त	◌ी	◌ा	घ	◌ि
आ	ऊ	ओ	◌ू	घ	म	◌े	क	◌्	स	◌ि	क	◌ो	य
य	आ	ह	स	ज	म	◌ै	क	◌ा	ख	थ	ण	ध	◌ा

अल्बानिया
डेनमार्क
इथियोपिया
जमैका
जापान
यूनान
हैती
इंडोनेशिया
आयरलैंड
लाओस
लाइबेरिया
मेक्सिको
नेपाल
पाकिस्तान
रूस
सीरिया
सूडान
यूक्रेन
युगांडा

86 - Tipi di Capelli

श	न	र	म	ल	त	ध	स	ग	भ	व	च	स	र
च	◌ा	◌ॅ	द	◌ी	ञ	घ	छ	ढ	व	प	म	◌ू	◌ं
◌ि	भ	छ	श	भ	थ	◌ु	ट	ड	ऊ	स	ए	ख	ग
क	◌ा	ल	◌ा	फ	ग	◌ं	ज	◌ा	क	म	ध	◌ा	◌ी
न	र	स	ख	ण	प	घ	ल	ह	र	◌ा	त	◌ी	न
◌ा	ल	◌्	न	उ	द	र	ग	ध	ड	भ	◌ू	र	◌ा
फ	ड	व	ल	◌ं	ब	◌ा	ऊ	◌ो	म	◌ो	ट	◌ा	इ
आ	ग	स	ल	न	ख	ल	ण	थ	र	घ	स	ग	ध
घ	इ	◌्	ण	स	फ	◌े	द	द	न	◌ा	न	च	◌ू
य	र	थ	ध	थ	श	म	ठ	भ	न	प	ए	ह	स
म	र	च	म	प	ड	ट	ट	ए	उ	त	न	र	र
इ	च	भ	ण	ह	ब	छ	न	ट	ठ	ल	ठ	ल	ञ
ठ	ण	च	ल	उ	ट	य	न	ठ	श	◌ा	ह	द	ष
फ	ट	ढ	न	ट	थ	ट	द	ल	ग	य	ढ	ह	द

चाँदी
सूखा
सफेद
गोरा
कम
गंजा
रंगीन
धूसर
लट
चिकना

लंबा
भूरा
नरम
काला
लहराती
घुंघराले
कर्ल
स्वस्थ
पतला
मोटा

87 - Vestiti

फ	ध	ब	ञ	ष	ब	क	ख	इ	ष	प	व	ऊ	क
◌ै	फ	◌े	फ	आ	म	◌्	◌ो	घ	ख	◌ो	ड	ख	म
श	त	ल	स	◌ै	◌ं	ड	ल	ट	फ	श	फ	र	◌ी
न	घ	◌्	◌्	म	छ	ग	प	◌ा	ज	◌ा	म	◌ा	ज
ण	भ	ट	क	ग	श	ह	◌ै	थ	उ	क	ख	द	◌ी
उ	ब	ज	र	थ	य	ह	◌ं	ल	न	ज	उ	स	न
ह	क	◌ै	◌्	ध	ढ	र	ट	द	स	द	◌ू	◌्	◌्
◌ा	◌ं	क	ट	स	◌्	व	◌े	ट	र	◌ु	श	त	स
र	ग	◌े	च	ञ	स	य	घ	द	य	प	स	◌ा	◌ा
द	न	ट	श	भ	फ	ष	इ	थ	ष	ट	ए	न	ष
छ	इ	◌ो	ध	थ	ण	ऊ	त	फ	च	◌्	प	◌े	घ
घ	ख	प	द	इ	ष	ष	स	ह	भ	ट	◌्	प	ऊ
इ	प	◌ी	व	त	ऊ	फ	फ	ञ	ख	◌ा	र	ह	घ
प	थ	ष	घ	फ	ख	ख	त	आ	घ	फ	न	इ	फ

पोशाक
कंगन
ब्लाउज
कमीज
टोपी
कोट
बेल्ट
हार
जैकेट
स्कर्ट
एप्रन
दस्ताने
जीन्स
स्वेटर
फैशन
पैंट
पाजामा
सैंडल
जूता
दुपट्टा

88 - Attività e Tempo Libero

म	ड	ब	◌ा	ग	व	◌ा	न	◌ी	स	ख	श	च	च
छ	ख	स	◌ा	त	◌ै	र	◌ा	क	◌ी	ठ	◌ौ	ब	◌ि
ल	य	त	म	स	र	◌्	फ	◌ि	◌ं	ग	क	ध	त
◌ी	◌ा	य	◌ु	घ	◌्	ए	ग	आ	र	◌ा	म	आ	◌्
प	त	द	क	त	फ	क	ड	ट	◌े	न	◌ि	स	र
क	◌्	श	◌्	ण	य	ल	◌े	इ	छ	ब	ष	म	क
ड	र	म	क	स	ड	◌ा	र	ट	न	ख	न	म	◌ा
◌़	◌ा	ह	◌े	र	ल	ल	◌ा	ञ	ब	र	श	ट	र
न	आ	फ	ब	त	ण	ध	ड	य	ट	◌ॉ	स	न	◌ी
◌े	छ	ह	◌ा	न	छ	ष	◌ा	ख	न	ञ	ल	द	ल
प	न	प	ज	भ	स	र	ल	ब	◌े	स	ब	◌ॉ	ल
फ	य	ठ	◌ी	छ	श	व	न	ग	◌ो	ल	◌्	फ	छ
ख	र	◌ी	द	◌ा	र	◌ी	◌ा	ञ	ब	भ	ध	य	इ
व	◌ॉ	ल	◌ी	ब	◌ॉ	ल	ड	◌ा	इ	व	◌ि	◌ं	ग

कला
बेसबॉल
बास्केटबॉल
मुक्केबाजी
डेरा डालना
बागवानी
गोल्फ
शौक
डाइविंग
तैराकी
वॉलीबॉल
मछली पकड़ने
चित्रकारी
आराम
खरीदारी
सर्फिंग
टेनिस
यात्रा

89 - Tecnologia

ल	आ	स	◌्	क	◌्	र	◌ी	न	थ	अ	ब	घ	च
थ	स	◌ा	◌ं	ख	◌्	य	◌ि	क	◌ी	न	◌्	ख	व
न	◌ॉ	ञ	ड	द	ह	च	ग	इ	ह	◌ु	ल	द	ब
त	फ	इ	क	◌ि	◌े	व	◌ा	इ	र	स	◌ॉ	द	◌्
थ	◌्	ऊ	◌ै	ए	ज	श	प	ध	ञ	◌ं	ग	छ	र
ड	ट	ऊ	म	द	ञ	◌ि	भ	प	व	ध	घ	ऊ	◌ा
इ	व	ब	र	ठ	ञ	ध	ट	आ	भ	◌ा	स	◌ी	उ
ड	◌े	ट	◌ा	ऊ	इ	ब	श	ल	ड	न	व	भ	ज
म	य	भ	ट	इ	◌ं	ट	र	न	◌े	ट	श	प	◌़
स	र	घ	च	छ	ट	ह	म	च	क	र	◌्	स	र
◌ं	भ	फ	◌़	◌ॉ	न	◌्	ट	फ	◌़	◌ा	इ	ल	घ
ग	भ	ष	ब	ह	न	र	स	◌ु	र	क	◌्	ष	◌ा
ण	र	ल	र	उ	घ	स	त	आ	फ	न	ख	आ	च
क	त	ल	र	श	स	ल	ढ	ञ	ड	स	ट	स	ख

ब्लॉग
ब्राउज़र
बाइट्स
संगणक
कर्सर
डेटा
डिजिटल
फ़ाइल
फ़ॉन्ट
इंटरनेट
संदेश
अनुसंधान
स्क्रीन
सुरक्षा
सॉफ्टवेयर
सांख्यिकी
कैमरा
आभासी
वाइरस

90 - Arte

फ	ञ	ट	र	म	च	स	ब	आ	उ	व	म	ष	म
ण	प	ए	य	ए	◌ि	◌ि	श	व	ह	न	न	भ	आ
अ	र	ऊ	ग	ल	त	र	च	न	◌ा	ष	◌ो	ह	ग
ट	भ	म	◌ू	ल	◌्	◌े	स	व	थ	व	द	व	ढ
आ	थ	◌ि	छ	य	र	म	ए	उ	उ	ट	श	◌्	ब
ग	म	च	व	ब	◌ि	◌ि	ध	भ	ह	त	◌ा	य	न
ध	ग	ठ	◌ि	◌्	त	क	प	◌्	र	त	◌ी	क	◌ा
ञ	ऊ	घ	ष	श	य	प	र	ध	उ	व	उ	◌्	न
ण	ध	न	य	थ	म	क	◌्	ट	भ	त	थ	त	◌ा
क	स	ढ	द	ध	म	ड	◌्	र	ज	स	ष	◌ि	स
व	ई	म	◌ा	न	द	◌ा	र	त	◌े	ट	इ	ग	र
◌ि	द	◌ृ	श	◌्	य	स	उ	ख	◌ि	र	◌ि	त	ल
त	म	◌ू	र	◌्	त	◌ि	क	ल	◌ा	म	◌ि	ल	ह
◌ा	त	त	ध	स	ष	ह	म	ट	न	ढ	ञ	त	ह

सिरेमिक
जटिल
रचना
बनाना
अभिव्यक्ति
प्रेरित
ईमानदार
मूल
व्यक्तिगत
कविता
चित्रित
मूर्तिकला
सरल
प्रतीक
विषय
मनोदशा
दृश्य

91 - Meteo

ब	ट	ड	ठ	घ	इ	ण	ब	ढ	स	श	ज	ऊ	उ
ञ	◌ा	ड	आ	◌ं	ध	◌ी	स	◌ू	ख	◌ा	ल	प	ष
ढ	आ	द	श	व	ष	◌्	ग	ह	र	◌ं	व	च	◌्
उ	म	ड	ल	क	◌ो	ह	र	◌ा	ख	त	◌ा	ट	ण
ब	◌ि	ज	ल	◌ी	द	व	ज	◌ु	ह	द	य	थ	क
व	◌ा	य	◌ु	म	◌ं	ड	ल	इ	व	थ	◌ु	ढ	ट
◌ं	ध	ट	ण	◌ा	श	ढ	घ	◌ं	◌ा	◌ी	ञ	ड	◌ि
ड	ड	व	ख	न	न	भ	व	द	इ	ष	य	छ	ब
र	ढ	ऊ	ग	स	ण	म	ह	◌्	फ	ठ	उ	य	◌ं
प	म	छ	ध	◌ू	ष	व	ब	र	◌्	फ	प	त	ध
आ	क	◌ा	श	न	ग	व	घ	ध	म	उ	न	◌ू	◌ी
ष	छ	त	र	च	त	ट	प	न	ढ	ण	ढ	फ	य
ठ	ए	ठ	न	घ	भ	ण	ल	◌ु	ब	थ	ख	◌ा	आ
घ	त	◌ा	प	म	◌ा	न	इ	ष	ऊ	उ	र	न	ख

इंद्रधनुष
सूखा
वायुमंडल
शांत
आकाश
जलवायु
बिजली
बर्फ
मानसून
कोहरा
बादल
ध्रुवीय
तापमान
आंधी
बवंडर
उष्णकटिबंधीय
गरज
नम
तूफान
हवा

92 - Corpo Umano

ण	घ	छ	ह	क	आ	ञ	इ	त	ड	ल	प	य	च
स	न	ह	ट	ा	ं	ग	न	्	म	ु	ँ	ह	उ
ह	ा	थ	प	न	ख	ध	आ	व	द	त	त	ल	न
ट	ख	न	े	ढ	व	प	ा	च	ञ	ड	उ	स	ा
ग	र	्	द	न	द	ढ	े	ा	क	स	छ	न	क
ण	न	च	श	द	ि	ल	ह	ट	ो	ि	च	भ	प
ड	थ	द	ड	ढ	म	ड	च	े	ह	र	ा	न	आ
घ	ठ	ढ	म	व	ा	घ	ु	ट	न	ा	छ	ट	थ
आ	न	श	ह	घ	ग	ठ	ञ	र	ी	ख	ह	ए	ल
ब	ख	ऊ	ल	स	ख	ो	फ	न	क	य	र	द	त
ग	ऊ	ण	द	ठ	भ	ड	ञ	र	र	्	श	थ	श
ष	श	ए	च	ह	ड	़	ख	ऊ	न	ख	त	स	ष
स	ढ	उ	ं	ग	ल	ी	ल	ल	उ	घ	ग	ड	य
ह	ल	प	ष	श	ध	ढ	फ	ण	ग	ड	ह	ढ	ख

मुँह
टखने
दिमाग
गर्दन
दिल
उंगली
चेहरा
टांग
घुटना
कोहनी

हाथ
ठोड़ी
नाक
आंख
कान
त्वचा
रक्त
कंधा
पेट
सिर

93 - Mammiferi

ड	ए	ञ	ब	व	ख	ट	ष	ह	उ	घ	ज	व	ब
◌ॉ	ब	व	ल	◌ं	◌्	ट	ट	द	क	◌ो	◌़	ए	◌ि
ल	ए	◌ु	थ	ण	द	ह	भ	न	◌ो	ड	◌े	ष	ल
◌्	भ	◌ा	ल	◌ू	क	र	◌े	ऊ	य	◌़	ब	ट	◌्
फ	◌े	न	◌ो	प	◌ु	ज	ग	ल	◌ो	◌ा	र	ष	ल
◌ि	ड	ध	म	छ	त	◌ि	◌ो	प	ट	ह	◌ा	थ	◌ी
न	◌़	ख	ड	आ	◌्	र	र	श	व	ख	ष	ग	म
न	ढ	ण	◌़	छ	त	◌ा	◌ि	य	र	ऊ	ठ	ढ	ऊ
य	य	ट	◌ी	न	◌ा	फ	ल	ब	ध	ण	प	ञ	आ
ष	व	ह	स	ध	श	◌़	◌्	ढ	ख	घ	ह	च	ठ
ष	थ	श	ढ	स	ड	त	ल	ण	प	भ	◌ि	प	श
ष	भ	◌े	ड	◌़	◌ि	य	◌ा	भ	इ	त	र	व	च
ध	ख	र	ग	◌ो	श	च	म	व	ण	छ	ण	द	र
क	◌ं	ग	◌ा	र	◌ू	व	ड	ट	त	ह	ब	त	य

व्हेल
कुत्ता
कंगारू
घोड़ा
हिरण
खरगोश
कोयोट
डॉल्फिन
हाथी
बिल्ली

जिराफ़
गोरिल्ला
शेर
भेड़िया
भालू
भेड़
बंदर
बुल
लोमड़ी
ज़ेबरा

94 - Arrampicata

त	ह	ढ	र	छ	थ	ह	च	श	ज	ध	ज	भ	आ
च	◌ा	ऊ	म	प	घ	न	द	ठ	◌ि	ग	◌ू	◌ू	ठ
◌ु	फ	क	त	उ	फ	च	स	स	ज	श	त	भ	ए
न	द	घ	त	आ	र	ण	भ	◌्	◌्	ढ	◌े	◌ा	प
◌ौ	ह	◌े	ल	म	◌े	ट	फ	थ	ञ	त	च	ग	त
त	ठ	ब	घ	फ	ख	उ	ढ	◌ि	◌ा	थ	◌ा	◌ो	स
◌ि	स	◌ं	क	◌ी	र	◌्	ण	र	स	ष	ब	न	ट
य	द	भ	व	स	ग	ध	आ	त	◌ा	प	ऊ	क	◌े
◌ो	प	द	ध	ञ	ग	◌ु	फ	◌ा	ग	छ	ष	◌्	ऊ
◌ं	भ	ड	स	व	◌ा	य	◌ु	म	◌ं	ड	ल	श	ञ
म	र	ञ	द	त	इ	ञ	फ	ञ	ऊ	◌ं	च	◌ा	ई
ए	प	ञ	फ	छ	ड	श	◌ा	र	◌ी	र	◌ि	क	ञ
ग	द	ब	ष	प	◌्	र	श	◌ि	क	◌्	ष	ण	उ
व	◌ि	श	◌े	ष	ज	◌्	ञ	ग	ग	आ	स	प	य

ऊंचाइ
वायुमंडल
हेलमेट
जिज्ञासा
विशेषज्ञ
शारीरिक
प्रशिक्षण
ताकत
गुफा
दस्ताने
गाइड
चोट
नक्शा
चुनौतियों
स्थिरता
जूते
संकीर्ण
भूभाग

95 - Animali Domestici

ब	क	र	◌ी	क	न	ढ	न	व	ऊ	ध	ब	ग	ध
ष	ब	ण	आ	न	◌ॉ	भ	फ	प	प	श	भ	ऊ	ट
ढ	ख	◌ि	र	म	छ	ल	◌ी	◌ं	च	ढ	स	य	ख
ट	र	ख	ल	ध	ष	ग	र	ज	ड	द	प	र	त
ञ	ग	ए	प	◌्	म	म	आ	◌े	ध	ड	श	क	च
त	◌ो	त	◌ा	श	ल	ग	◌ा	य	ष	घ	◌ु	छ	न
ल	श	ऊ	न	ल	ख	◌ी	प	ऊ	ड	त	च	◌ु	य
फ	य	ह	◌ी	स	र	ह	ञ	भ	ञ	ष	◌ि	आ	ख
उ	ढ	प	◌ि	ल	◌्	ल	◌ा	◌ो	द	प	क	छ	द
स	प	ट	◌्	ट	◌ा	इ	ह	ज	त	ञ	◌ि	ट	थ
फ	च	ध	द	ए	प	ट	ढ	न	ल	प	त	ड	स
छ	द	उ	ढ	छ	च	◌ू	ह	◌ा	ह	ड	◌्	च	फ
क	◌ु	त	◌्	त	◌ा	ट	◌ं	ड	फ	स	स	आ	ण
ए	उ	म	आ	ग	य	च	द	छ	◌ि	प	क	ल	◌ी

पानी
पंजे
कुत्ता
बकरी
भोजन
पूंछ
कॉलर
खरगोश
पिल्ला
बिल्ली
पट्टा
छिपकली
गाय
तोता
मछली
कछुआ
चूहा
पशु चिकित्सक

96 - Cucina

फ	ए	प	◌्	र	न	र	द	न	ञ	ग	स	ब	व
◌्	ऊ	ञ	घ	ठ	इ	क	ड	न	म	◌्	ओ	ब	घ
र	ध	घ	छ	श	ड	ट	भ	त	श	र	थ	व	ऊ
◌ी	स	क	प	ऊ	म	◌ो	व	◌ो	ब	◌ि	थ	ख	न
ज	ग	र	◌े	फ	◌्	र	◌ि	ज	ज	ल	द	व	ह
र	प	छ	म	त	च	◌ा	क	◌ू	म	न	ष	द	ऊ
ऊ	श	◌ु	स	द	ल	भ	प	भ	ञ	थ	ञ	इ	ड
म	ब	ल	न	त	च	◌ी	न	◌ी	क	◌ा	◌ॅ	ट	◌ा
स	व	ख	◌ै	थ	म	ध	इ	घ	◌ा	ड	स	थ	श
◌ा	◌ि	ऊ	प	स	◌्	प	◌ं	ज	◌ं	च	ढ	ड	उ
ल	ध	ध	क	ह	म	घ	व	ए	ट	प	र	उ	स
◌े	◌ि	प	◌ि	ड	च	ट	ड	ट	◌े	ल	द	न	ट
त	त	ध	न	ब	र	फ	ए	य	म	त	ञ	इ	च
ल	न	व	ठ	श	ड	आ	न	ध	ठ	ष	न	ष	ह

चीनी काँटा
केतली
जग
भोजन
कटोरा
चाकू
फ्रीजर
चम्मच
कांटे
ओवन
फ्रिज
एप्रन
ग्रिल
करछुल
विधि
मसाले
स्पंज
कप
नैपकिन

97 - Vacanze #2

ड	भ	ठ	ह	ल	ठ	भ	◌ो	ज	न	◌ा	ल	य	च
ल	त	स	अ	व	क	◌ा	श	ट	क	ष	आ	आ	न
द	◌्	व	◌ी	प	◌ा	छ	◌ु	ट	◌्	ट	◌ी	ग	ड
ण	छ	र	य	र	घ	ई	ऊ	स	श	र	त	ब	◌े
त	प	र	◌ि	व	ह	न	अ	य	◌ा	व	◌े	ण	र
◌ं	स	स	म	◌ु	द	◌्	र	ड	ग	ब	य	न	◌ा
ब	स	◌्	व	◌ी	ज	◌ा	य	ण	◌्	थ	भ	प	ड
◌ू	म	ढ	व	ट	◌ै	क	◌्	स	◌ी	ड	ए	◌ा	◌ा
ग	◌ु	ड	◌ि	◌ी	आ	न	य	त	ब	य	◌ा	स	ल
ध	द	ऊ	द	ख	र	स	ड	ट	ह	◌ा	ट	प	न
आ	◌्	स	◌े	ह	उ	◌े	ब	ण	प	त	ण	◌ो	◌ा
भ	र	ख	श	ल	फ	ग	◌ं	त	व	◌्	य	र	च
श	त	घ	◌ी	इ	य	य	घ	छ	त	र	भ	◌्	ए
छ	ट	ह	◌ो	ट	ल	ए	र	ए	ह	◌ा	ऊ	ट	छ

हवाई अड्डा
डेरा डालना
गंतव्य
तस्वीरें
होटल
द्वीप
नक्शा
समुद्र
पासपोर्ट
भोजनालय
समुद्र तट
विदेशी
टैक्सी
अवकाश
तंबू
परिवहन
ट्रेन
छुट्टी
यात्रा
वीजा

98 - Attività

व	ड	◌े	र	◌ा	ड	◌ा	ल	न	◌ा	आ	ज	च	ल
स	◌ि	श	◌ि	क	◌ा	र	क	र	न	◌ा	◌ा	◌ि	उ
ख	भ	श	व	ण	थ	म	छ	म	ष	आ	द	त	ठ
◌े	स	प	◌्	स	घ	न	◌ृ	त	◌्	य	◌ू	◌्	र
ल	म	◌ि	भ	र	त	ख	घ	ह	ब	व	स	र	फ
च	छ	क	ल	◌ा	◌ा	स	इ	प	च	ड	स	क	◌ो
ध	ल	◌ौ	स	◌ा	ड	म	ह	◌ि	त	◌ो	◌ं	◌ा	ट
इ	◌ी	श	ऊ	द	ई	ख	प	घ	ष	आ	ब	र	◌ो
ए	प	ल	भ	ण	ऊ	व	प	ढ	◌़	न	◌ा	◌ी	ग
ड	क	ण	ण	श	अ	व	क	◌ा	श	◌ं	ग	द	◌्
च	ड	फ	ग	त	◌ि	व	◌ि	ध	◌ि	द	व	र	र
ण	◌़	ढ	प	ह	◌े	ल	◌ी	ल	ढ	ड	◌ा	भ	◌ा
ध	न	ल	ए	ल	ड	व	◌्	द	न	च	न	ञ	फ
थ	◌े	स	श	इ	ढ	व	ढ	प	इ	ट	◌ी	उ	◌ी

कौशल
कला
शिल्प
गतिविधि
शिकार करना
डेरा डालना
सिलाई
नृत्य
फोटोग्राफी
बागवानी
खेल
हितों
पढ़ना
जादू
मछली पकड़ने
आनंद
चित्रकारी
पहेली
विश्राम
अवकाश

99 - Forniture Artistiche

र	ज	इ	न	ञ	स	च	क	त	ध	ए	र	◌ं	ग
च	व	ल	फ	प	◌े	◌ं	ट	◌ै	ग	क	म	ण	आ
न	◌ि	य	र	◌े	फ	ह	ह	ञ	म	◌्	भ	आ	ब
◌ा	च	इ	ग	◌ं	म	च	◌ि	त	◌्	र	फ	ल	क
त	◌ा	ल	◌ो	स	ग	ख	ट	◌े	स	◌ि	◌ा	ध	ठ
◌्	र	ष	◌ं	◌ि	ध	ब	ख	ल	ख	ल	ट	ए	छ
म	◌ो	ग	द	ल	प	ण	ञ	ब	ट	◌ि	ब	ढ	थ
क	◌ं	स	◌्	य	◌ा	ह	◌ी	ग	व	क	◌्	थ	ट
त	क	द	य	ऊ	न	इ	प	र	ण	◌ु	र	फ	न
◌ा	त	◌ा	छ	ग	◌ी	ट	◌े	ब	ल	र	श	द	प
आ	ऊ	न	ग	घ	ए	भ	स	ड	ट	◌्	र	व	ढ
ध	द	न	भ	ज	ध	र	◌्	◌़	त	स	य	र	य
म	◌ि	ट	◌्	ट	◌ी	य	ट	प	फ	◌ी	ख	ण	य
उ	थ	न	च	द	य	द	ल	य	य	ह	व	भ	ऊ

पानी
जल रंग
एक्रिलिक
मिट्टी
कागज
चित्रफलक
गोंद
रंग
रचनात्मकता
रबड़
विचारों
स्याही
पेंसिल
तेल
पेस्टल
कुर्सी
ब्रश
टेबल
कैमरा
पेंट

100 - Misurazioni

क	◌ि	ल	◌ो	ग	◌्	र	◌ा	म	र	ण	ग	त	ग
द	ब	◌ा	इ	ट	इ	ट	छ	ढ	म	ष	भ	ल	ह
आ	म	ड	च	स	◌े	◌ं	ट	◌ी	म	◌ी	ट	र	र
ल	◌ं	ब	◌ा	ई	श	ल	च	◌ौ	ड	◌़	◌ा	ई	◌ा
म	◌ा	स	व	छ	छ	ण	ए	भ	आ	म	फ	इ	ई
र	ग	ठ	उ	र	द	क	द	उ	ल	◌ी	ट	र	श
ग	आ	ञ	ट	द	श	य	◌ि	ल	ह	ट	श	ढ	ऊ
आ	य	त	न	घ	म	थ	ख	ल	घ	र	ए	म	घ
छ	आ	घ	प	ठ	ल	ल	ख	ऊ	◌ो	आ	च	आ	य
ग	ढ	ग	स	थ	व	ए	ध	ढ	प	म	इ	स	न
व	ज	न	◌्	ऊ	◌ं	च	◌ा	ई	थ	छ	◌ी	म	ठ
म	◌ि	न	ट	र	ड	◌ि	ग	◌्	र	◌ी	ण	ट	इ
औ	◌ं	स	न	ट	◌ा	ध	आ	ठ	ष	ए	थ	ऊ	र
र	य	द	फ	भ	ए	म	ए	ए	ढ	ट	र	ञ	ह

ऊंचाइ
बाइट
सेंटीमीटर
किलोग्राम
किलोमीटर
दशमलव
डिग्री
ग्राम
चौड़ाई
लीटर
लंबाइ
मास
मीटर
मिनट
औंस
वजन
इंच
गहराई
टन
आयतन

1 - Scacchi

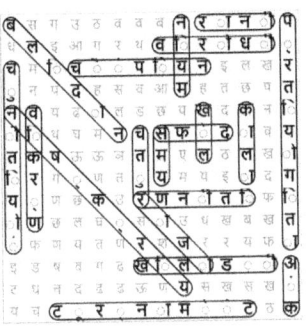

2 - Aggettivi #2

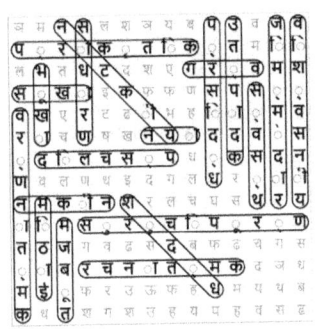

3 - Pesca

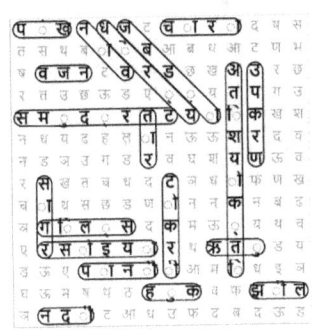

4 - Aggettivi #1

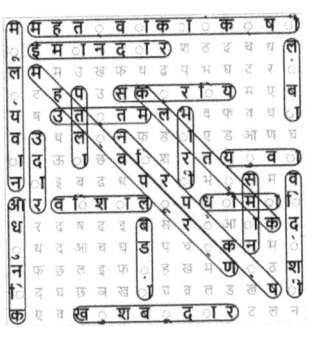

5 - Geologia

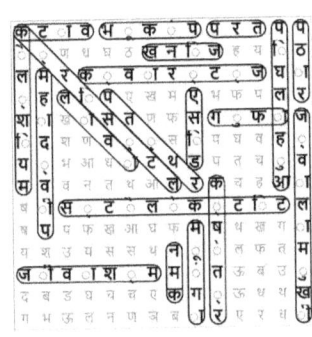

6 - Campeggio

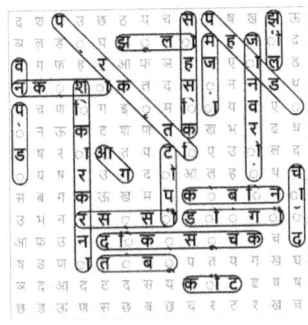

7 - Arti Visive

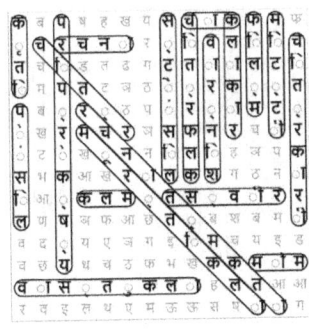

8 - Esplorazione

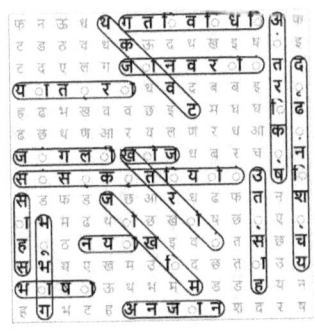

9 - Tempo

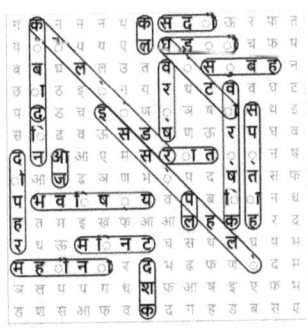

10 - Astronomia

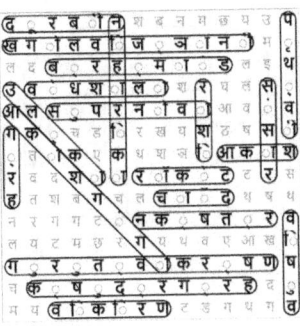

11 - Circo

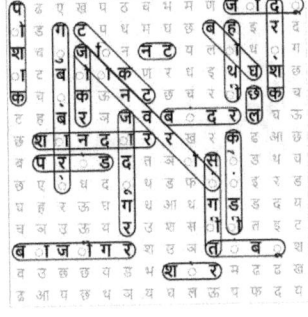

12 - Mitologia

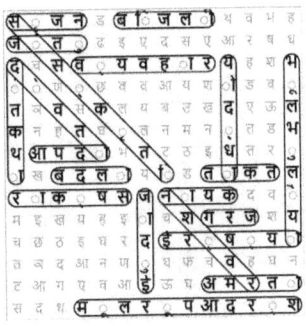

13 - Piante

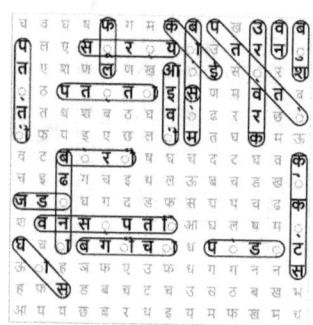

14 - Spezie

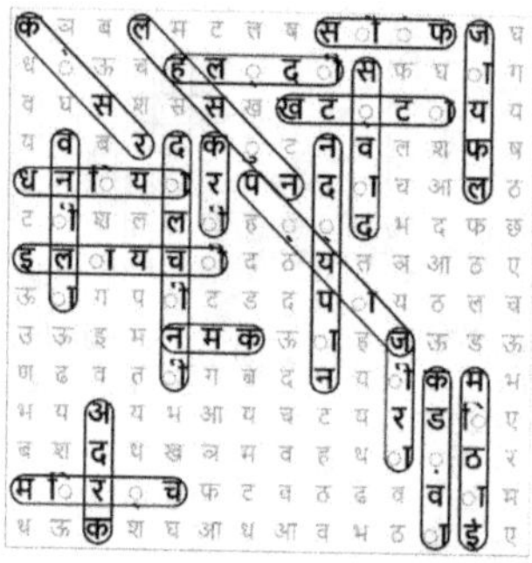

15 - Numeri

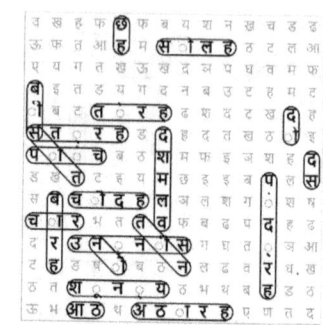

16 - Cioccolato

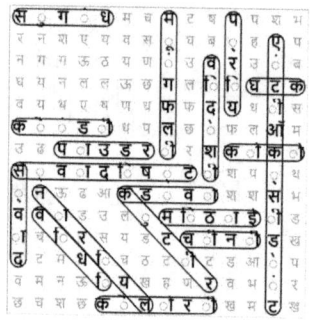

17 - Guida

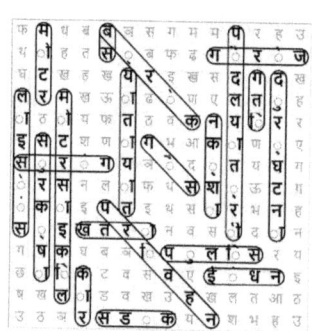

18 - Sport

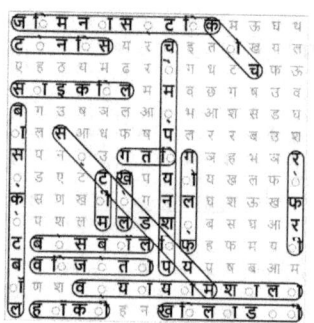

19 - Giocattoli

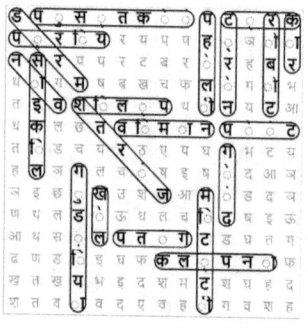

20 - Strumenti di Cottura

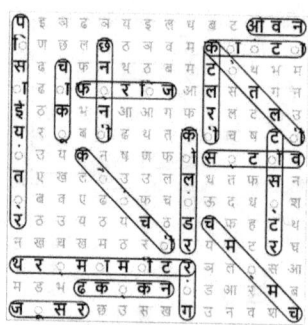

21 - Uccelli

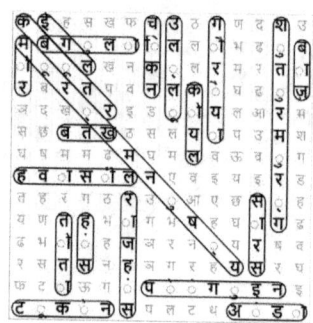

22 - Giorni e Mesi

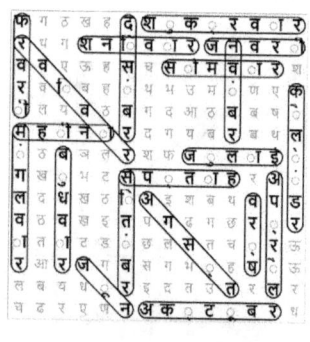

23 - Casa

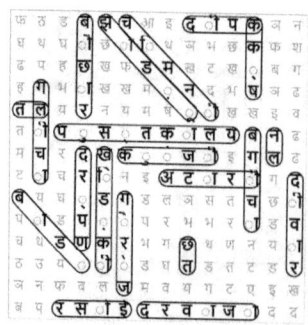

24 - Ristorante #1

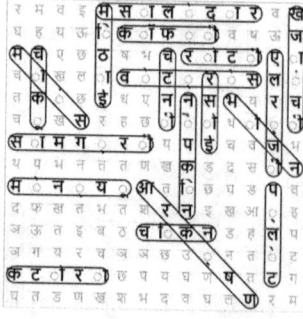

25 - Fantascienza

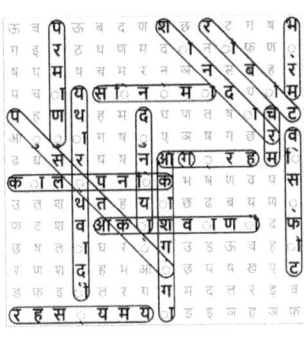

26 - Città

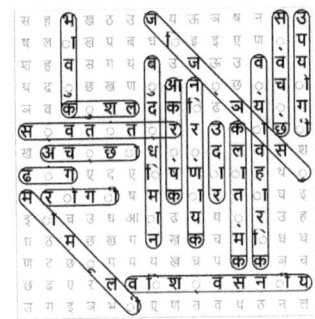

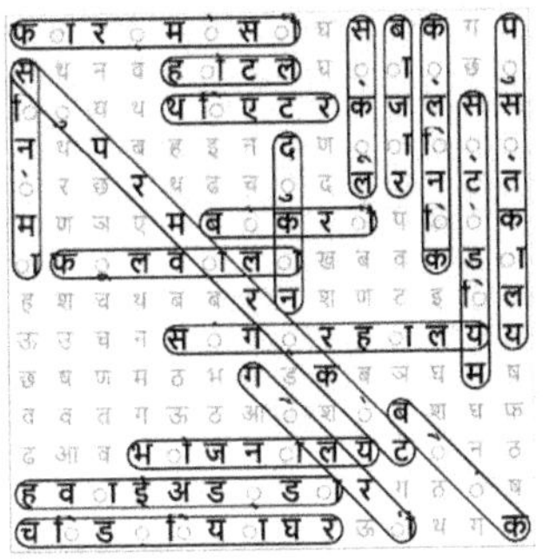

27 - Virtù #1

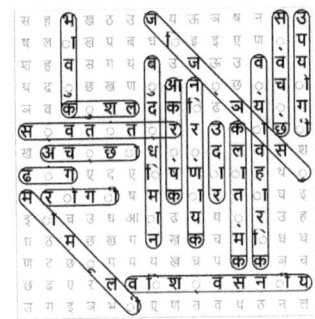

28 - Compleanno

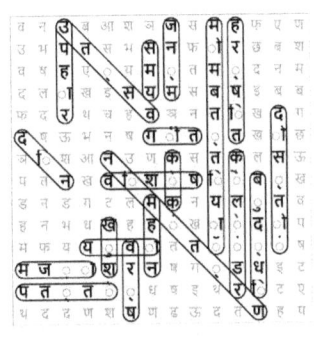

29 - Fattoria #1

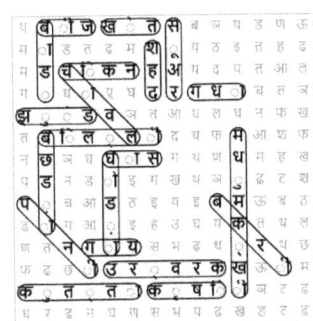

30 - Paesaggi

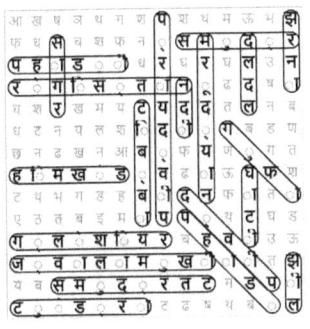

31 - Ristorante #2

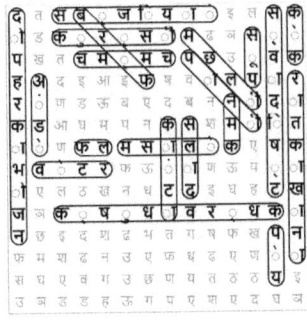

32 - Giardino

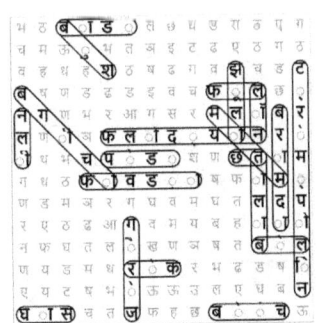

33 - Frutta

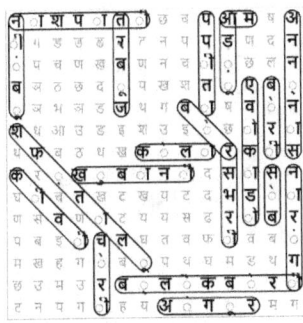

34 - Fattoria #2

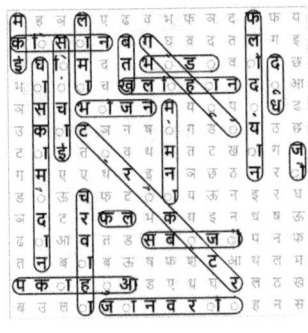

35 - Dinosauri

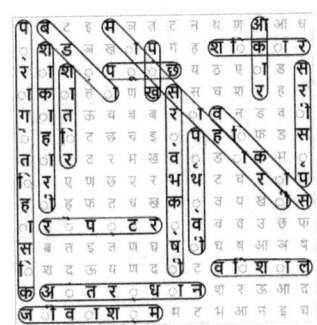

36 - Verdure

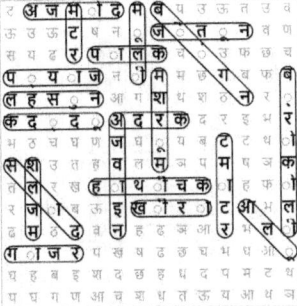

37 - Scuola #2

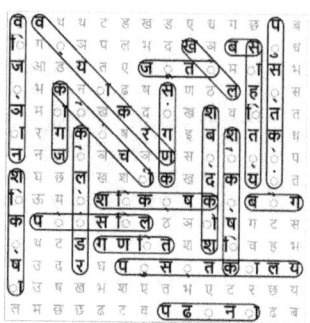

38 - Gentilezza

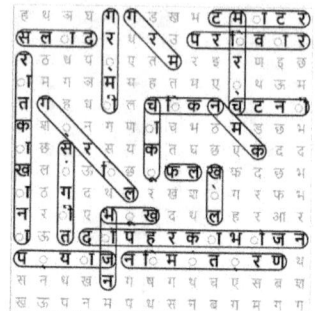

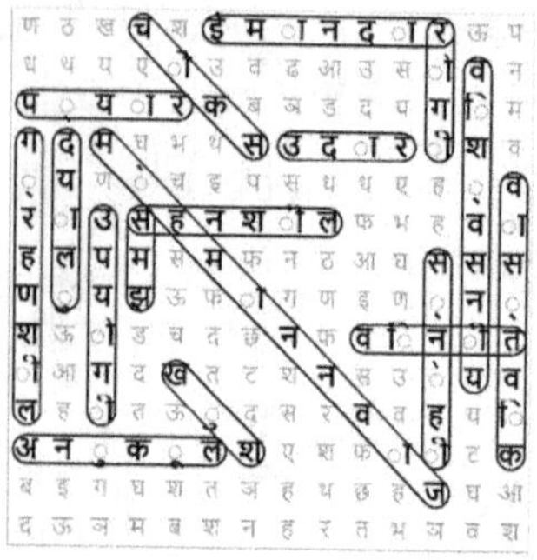

39 - Barbecue

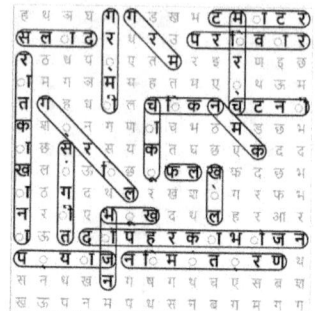

40 - Riempire

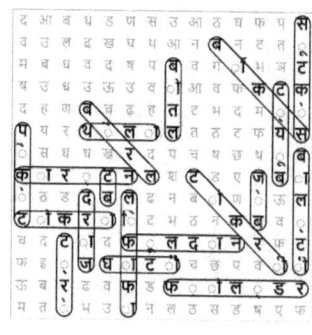

41 - Insetti

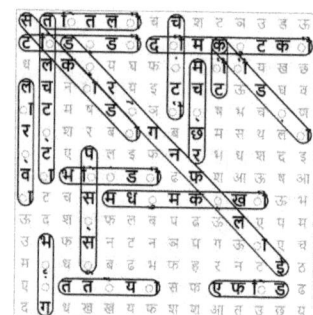

42 - Erboristeria

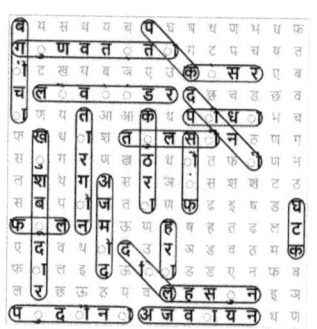

43 - Danza

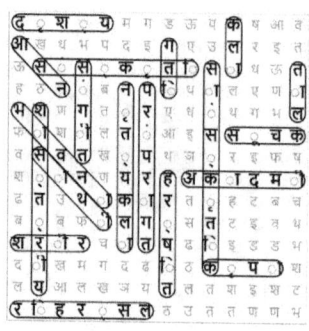

44 - Commedia

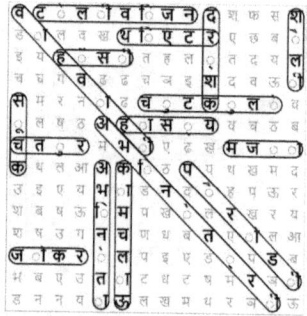

45 - Scuola #1

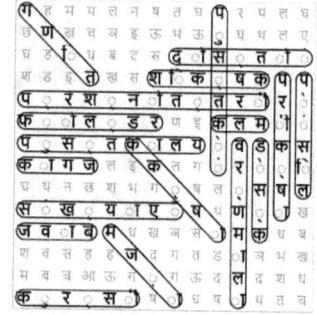

46 - Fiori

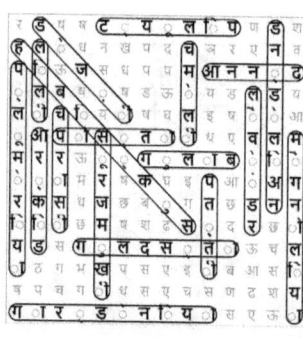

47 - Ecologia

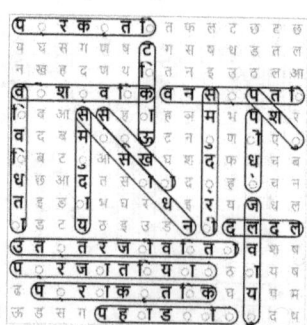

48 - Discipline Scientifiche

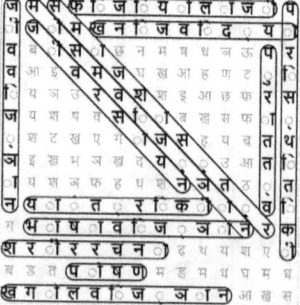

49 - Scienza

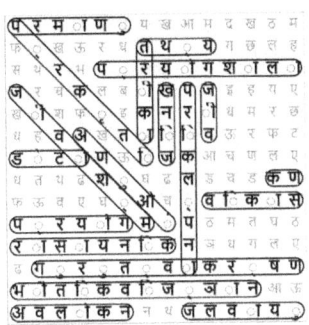

50 - Acqua

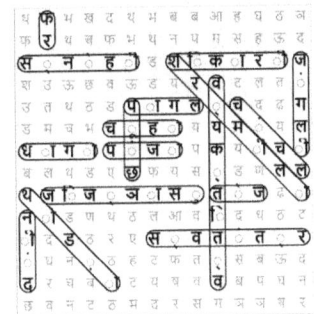

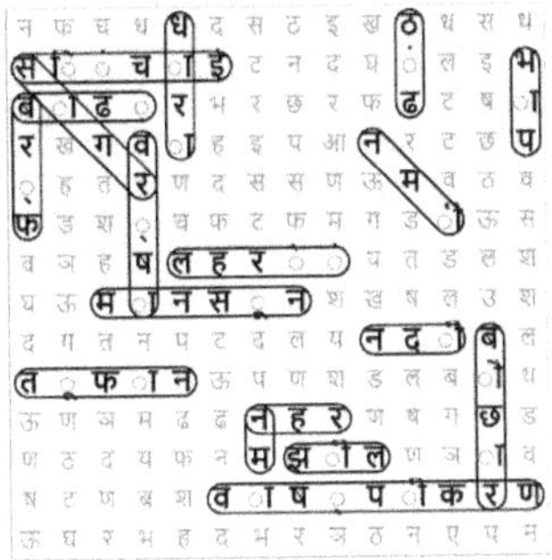

51 - Gatti

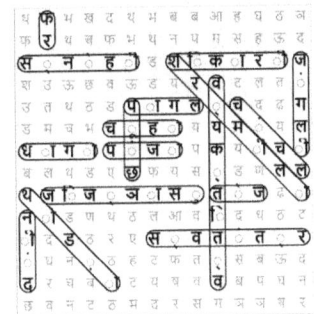

52 - Surf

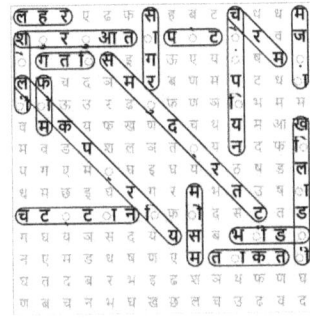

53 - Imbarcazioni

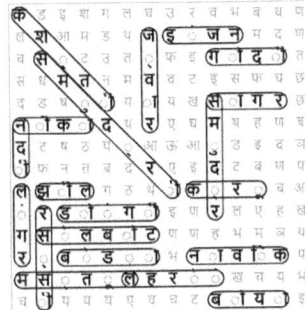

54 - Api

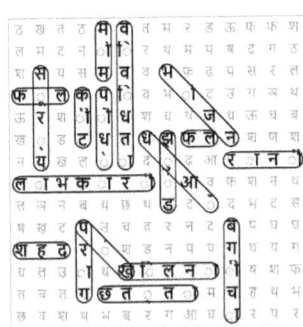

55 - Strumenti Musicali

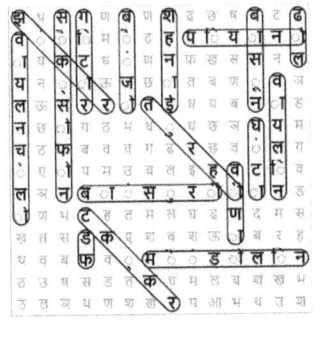

56 - Professioni #2

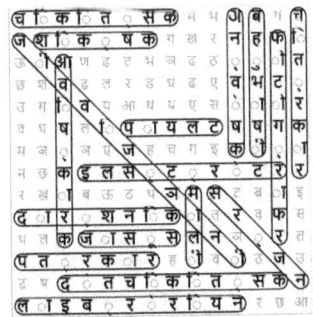

57 - Letteratura

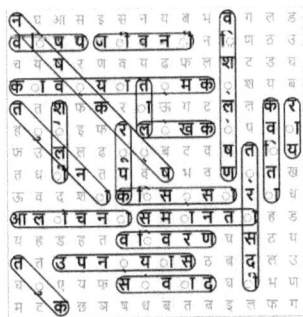

58 - Cibo #2

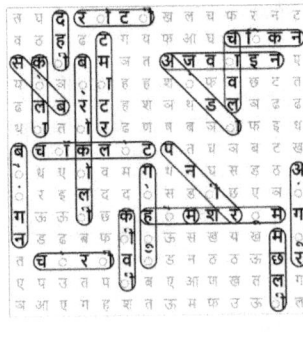

59 - Nutrizione

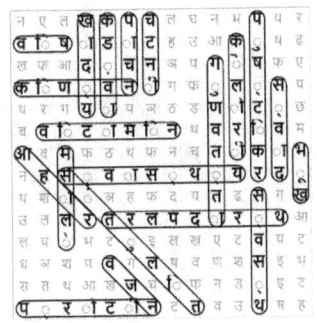

60 - Matematica

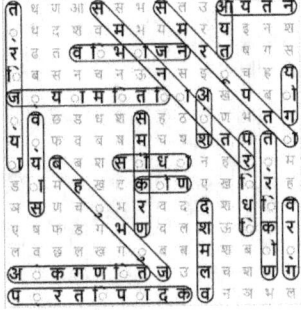

61 - Bagno

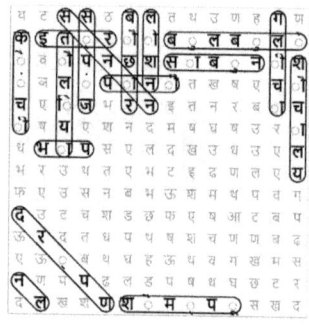

62 - Meditazione

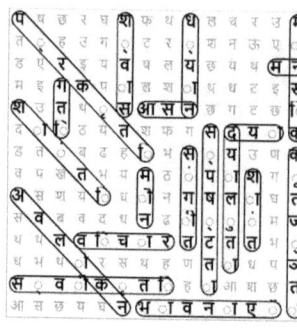

63 - Estate

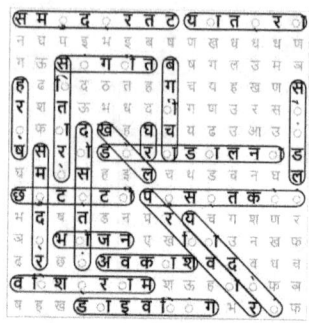

64 - Escursionismo

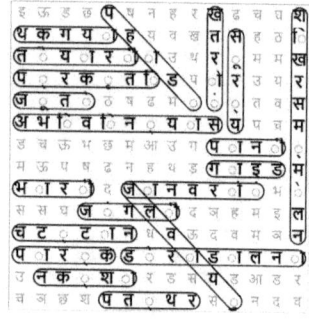

65 - Professioni #1

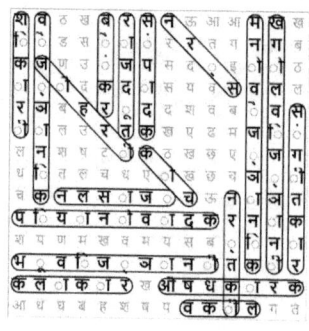

66 - Antartide

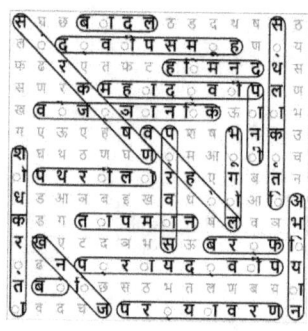

67 - Libri

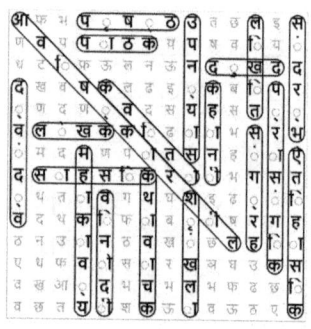

68 - Geografia

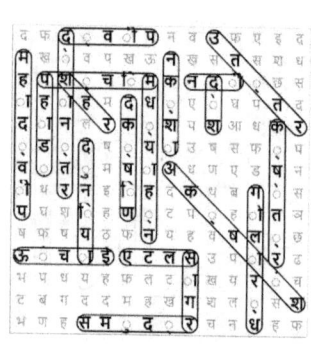

69 - Cibo #1

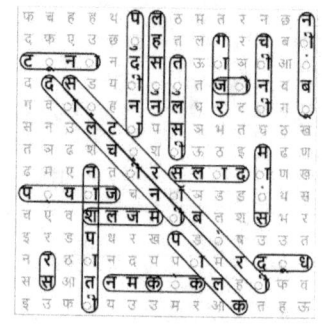

70 - Aeroplani

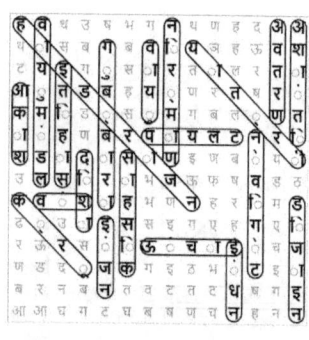

71 - Pirati

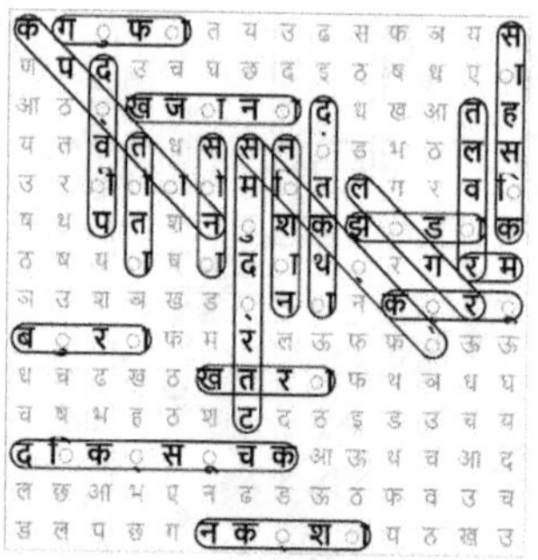

72 - Spiaggia

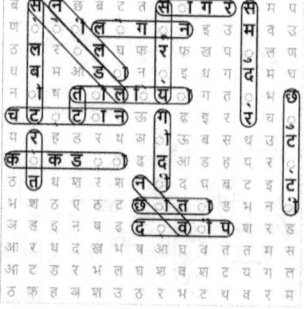

73 - Avventura

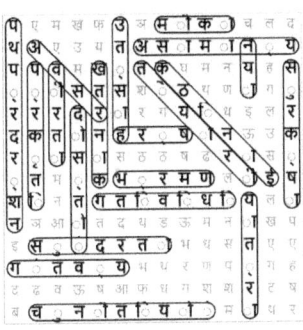

74 - Forme

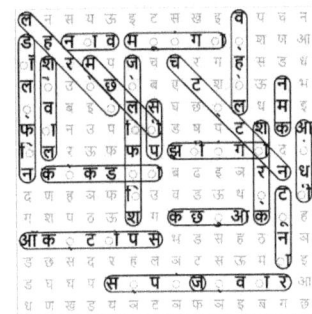

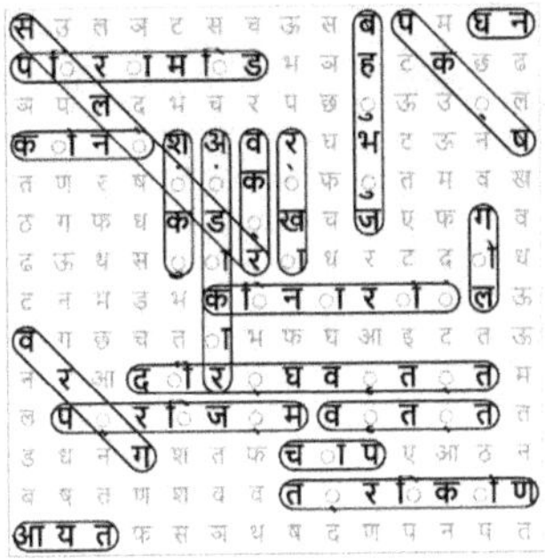

75 - Oceano

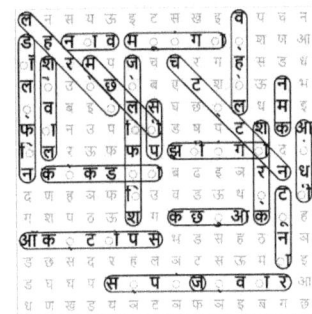

76 - Famiglia

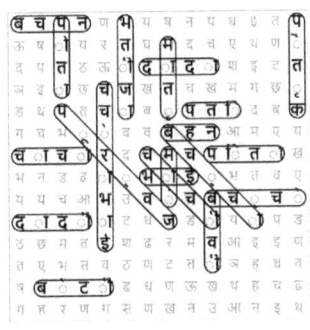

77 - Veicoli

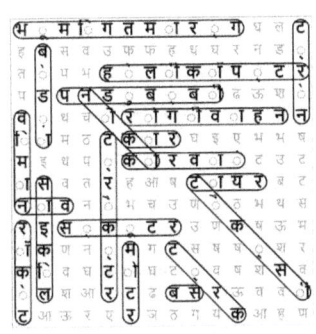

78 - Emozioni

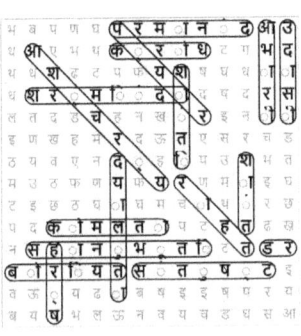

79 - Natura

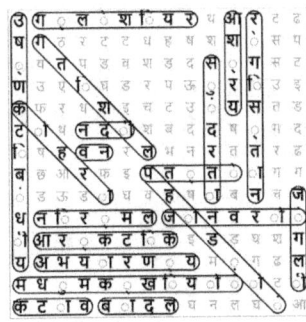

80 - Balletto

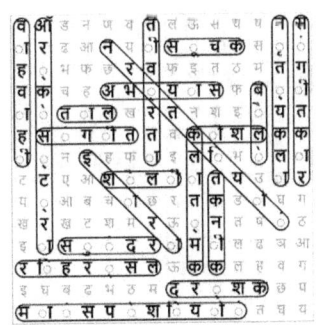

81 - Castelli

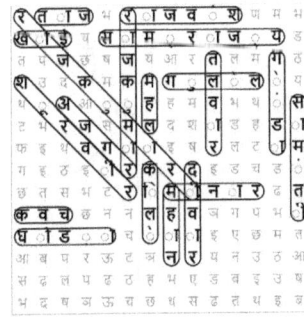

82 - Campionato

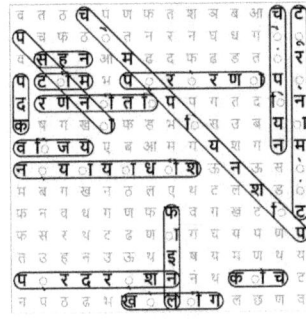

83 - Foresta Pluviale

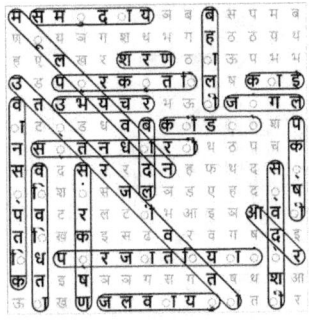

84 - Edifici

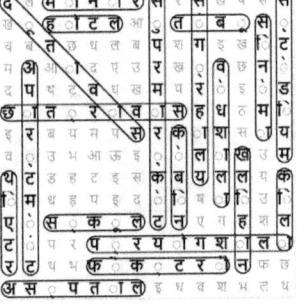

85 - Paesi #2

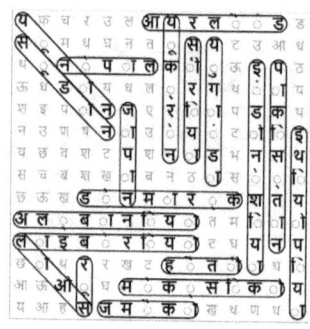

86 - Tipi di Capelli

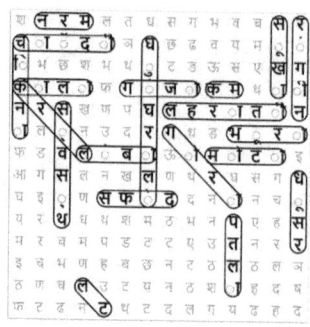

87 - Vestiti

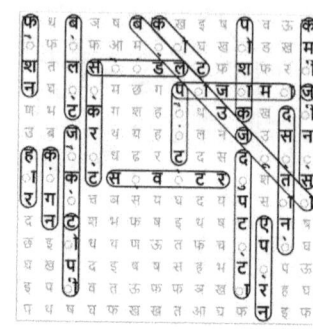

88 - Attività e Tempo Libero

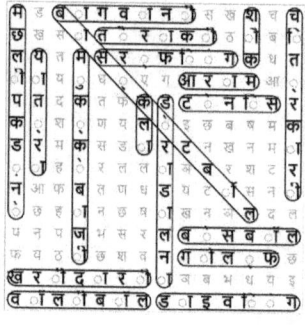

89 - Tecnologia

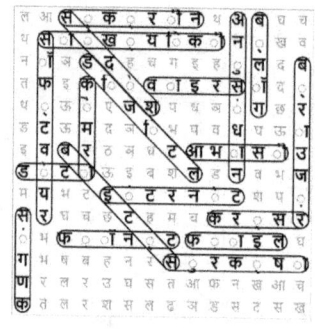

90 - Arte

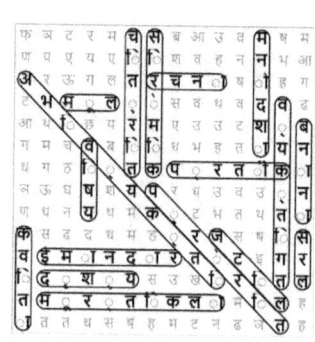

91 - Meteo

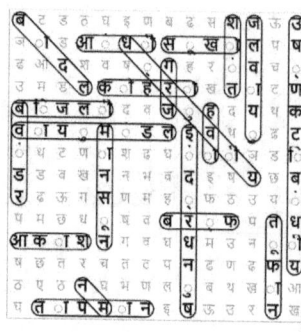

92 - Corpo Umano

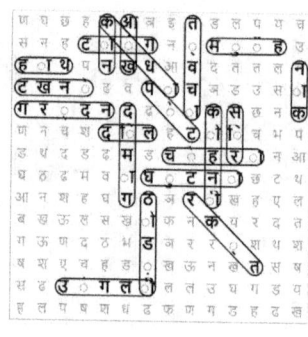

93 - Mammiferi

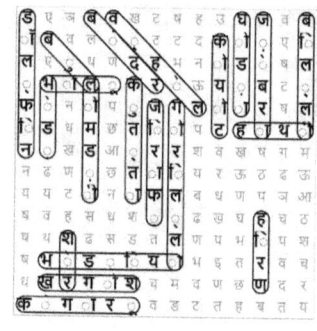

94 - Arrampicata

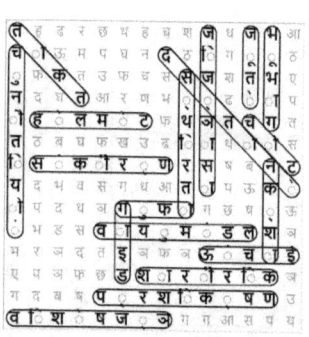

95 - Animali Domestici

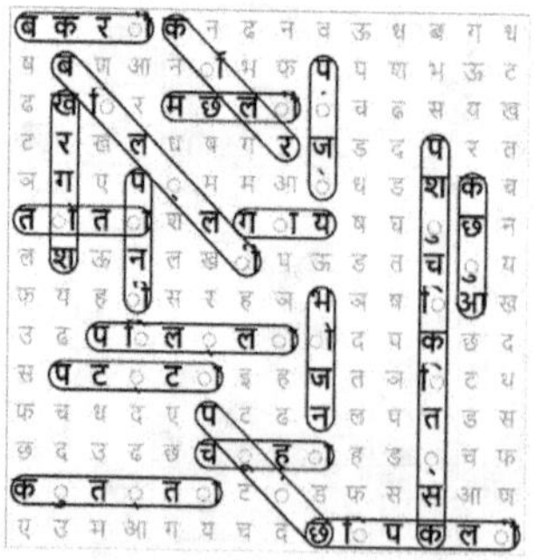

96 - Cucina

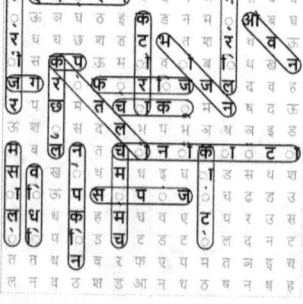

97 - Vacanze #2

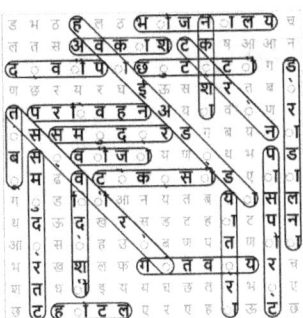

98 - Attività

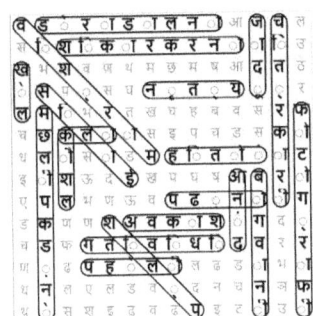

99 - Forniture Artistiche

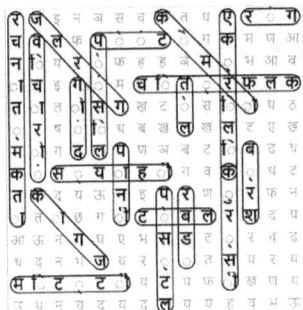

100 - Misurazioni

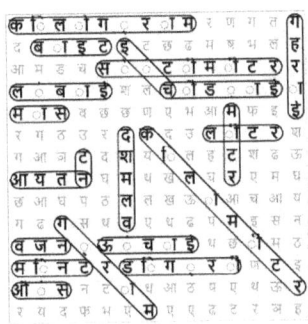

Dizionario

Acqua
पानी

Alluvione	बाढ़
Canale	नहर
Doccia	बौछार
Evaporazione	वाष्पीकरण
Fiume	नदी
Flusso	धारा
Gelo	ठंढ
Ghiaccio	बर्फ
Irrigazione	सचिाई
Lago	झील
Monsone	मानसून
Oceano	सागर
Onde	लहरें
Pioggia	वर्षा
Umidità	नमी
Umido	नम
Uragano	तूफान
Vapore	भाप

Aeroplani
हवाई जहाज

Altezza	ऊंचाई
Aria	वायु
Atmosfera	वायुमंडल
Atterraggio	अवतरण
Avventura	साहसकि
Carburante	ईंधन
Cielo	आकाश
Costruzione	नर्िमाण
Design	डजिाइन
Direzione	दशिा
Discesa	वंश
Equipaggio	क्रू
Idrogeno	हाइड्रोजन
Motore	इंजन
Navigare	नेवगिट
Palloncino	गुब्बारा
Passeggero	यात्री
Pilota	पायलट
Storia	इतहिास
Turbolenza	अशांति

Aggettivi #1
वशिषण #1

Ambizioso	महत्वाकांक्षी
Aromatico	खुशबूदार
Artistico	कलात्मक
Assoluto	नरिपेक्ष
Attivo	सक्रयि
Enorme	वशिाल
Esotico	वदिशी
Generoso	उदार
Giovane	युवा
Grande	बड़ा
Identico	समान
Importante	महत्वपूर्ण
Lento	धीमा
Lungo	लंबा
Moderno	आधुनकि
Onesto	ईमानदार
Perfetto	उत्तम
Pesante	भारी
Prezioso	मूल्यवान
Sottile	पतला

Aggettivi #2
वशिषण #2

Affamato	भूखा
Asciutto	सूखा
Autentico	वश्विसनीय
Creativo	रचनात्मक
Descrittivo	वर्णनात्मक
Dolce	मठिाई
Drammatico	नाटकीय
Elegante	सुरुचपिूर्ण
Famoso	प्रसद्धि
Forte	मजबूत
Interessante	दलिचस्प
Naturale	प्राकृतकि
Normale	साधारण
Nuovo	नया
Orgoglioso	गर्व
Produttivo	उत्पादक
Puro	शुद्ध
Responsabile	जम्मिेदार
Salato	नमकीन
Sano	स्वस्थ

Animali Domestici
पालतू जानवर

Acqua	पानी
Artigli	पंजे
Cane	कुत्ता
Capra	बकरी
Cibo	भोजन
Coda	पूंछ
Collare	कॉलर
Coniglio	खरगोश
Cucciolo	पल्लिा
Gatto	बल्लिी
Guinzaglio	पट्टा
Lucertola	छपिकली
Mucca	गाय
Pappagallo	तोता
Pesce	मछली
Tartaruga	कछुआ
Topo	चूहा
Veterinario	पशु चकित्सिक

Antartide
अंटार्कटकि

Acqua	पानी
Ambiente	पर्यावरण
Baia	बे
Balene	व्हेल
Conservazione	संरक्षण
Continente	महाद्वीप
Geografia	भूगोल
Ghiacciai	हमिनद
Ghiaccio	बर्फ
Isole	द्वीप समूह
Migrazione	प्रवास
Minerali	खनजि
Nuvole	बादल
Penisola	प्रायद्वीप
Ricercatore	शोधकर्ता
Roccioso	पथरीला
Scientifico	वैज्ञानकि
Spedizione	अभयिान
Temperatura	तापमान
Topografia	स्थलाकृति

Api
मधुमक्खियों

Ali	पंख
Alveare	छत्ता
Benefico	लाभकारी
Cera	मोम
Cibo	भोजन
Diversità	वविधिता
Fiori	फूल
Fiorire	खलिना
Frutta	फल
Fumo	धुआँ
Giardino	बगीचा
Insetto	कीट
Miele	शहद
Piante	पौधे
Polline	पराग
Regina	रानी
Sciame	झुंड
Sole	सूर्य

Arrampicata
क्लाइम्बगि

Altitudine	ऊंचाई
Atmosfera	वायुमंडल
Casco	हेलमेट
Curiosità	जज्ञिासा
Esperto	वशिषज्ञ
Fisico	शारीरकि
Formazione	प्रशक्षिण
Forza	ताकत
Grotta	गुफा
Guanti	दस्ताने
Guide	गाइड
Lesione	चोट
Mappa	नक्शा
Sfide	चुनौतियों
Stabilità	स्थरिता
Stivali	जूते
Stretto	संकीर्ण
Terreno	भूभाग

Arte
कला

Ceramica	सरिमकि
Complesso	जटलि
Composizione	रचना
Creare	बनाना
Espressione	अभव्यिक्ति
Ispirato	प्रेरति
Onesto	ईमानदार
Originale	मूल
Personale	व्यक्तगित
Poesia	कविता
Ritrarre	चत्रिति
Scultura	मूर्तकिला
Semplice	सरल
Simbolo	प्रतीक
Soggetto	वषिय
Surrealismo	अतयिथार्थवाद
Umore	मनोदशा
Visivo	दृश्य

Arti Visive
दृश्य कला

Architettura	वास्तुकला
Argilla	मट्टिी
Artista	कलाकार
Capolavoro	कृति
Cavalletto	चत्रिफलक
Cera	मोम
Composizione	रचना
Creatività	रचनात्मकता
Film	फल्मि
Fotografia	तस्वीर
Gesso	चाक
Matita	पेंसलि
Penna	कलम
Pittura	चत्रिकारी
Prospettiva	परप्रि‍ेक्ष्य
Ritratto	चत्रि
Scultura	मूर्तकिला
Stampino	स्टैंसलि
Vernice	वार्नशि

Astronomia
खगोल वद्यिा

Asteroide	क्षुद्रग्रह
Astronomo	खगोल वज्ञिानी
Cielo	आकाश
Cosmo	ब्रह्मांड
Costellazione	नक्षत्र
Equinozio	वषिुव
Galassia	आकाशगंगा
Gravità	गुरुत्वाकर्षण
Luna	चाँद
Meteora	उल्का
Nebulosa	नहिारकि
Osservatorio	वेधशाला
Pianeta	ग्रह
Radiazione	वकिरिण
Razzo	रॉकेट
Supernova	सुपरनोवा
Telescopio	दूरबीन
Terra	पृथ्वी
Universo	संसार
Zodiaco	राशि

Attività
गतविधियिाँ

Abilità	कौशल
Arte	कला
Artigianato	शल्पि
Attività	गतविधि
Caccia	शकिार करना
Campeggio	डेरा डालना
Cucire	सलिाई
Danza	नृत्य
Fotografia	फोटोग्राफी
Giardinaggio	बागवानी
Giochi	खेल
Interessi	हति
Lettura	पढ़ना
Magia	जादू
Pesca	मछली पकड़ने
Piacere	आनंद
Pittura	चत्रिकारी
Puzzle	पहेली
Rilassamento	वश्रिाम
Tempo Libero	अवकाश

Attività e Tempo Libero
गतविधियाँ और अवकाश

Arte	कला
Baseball	बेसबॉल
Basket	बास्केटबॉल
Boxe	मुक्केबाजी
Campeggio	डेरा डालना
Giardinaggio	बागवानी
Golf	गोल्फ
Hobby	शौक
Immersione	डाइवगि
Nuoto	तैराकी
Pallavolo	वॉलीबॉल
Pesca	मछली पकड़ने
Pittura	चत्रिकारी
Rilassante	आराम
Shopping	खरीदारी
Surf	सर्फगि
Tennis	टेनसि
Viaggio	यात्रा

Avventura
साहसकि कार्य

Amici	दोस्तों
Attività	गतविधि
Bellezza	सुंदरता
Caso	मौका
Coraggio	वीरता
Destinazione	गंतव्य
Difficoltà	कठनिाई
Entusiasmo	उत्साह
Escursione	भ्रमण
Gioia	हर्ष
Insolito	असामान्य
Natura	प्रकृति
Navigazione	पथ प्रदर्शन
Nuovo	नया
Opportunità	अवसर
Pericoloso	खतरनाक
Preparazione	तैयारी
Sfide	चुनौतयिों
Sicurezza	सुरक्षा
Viaggi	यात्रा

Bagno
स्नानघर

Acqua	पानी
Asciugamano	तौलयिा
Bagno	स्नान
Bolle	बुलबुले
Doccia	बौछार
Forbici	कैंची
Gabinetto	शौचालय
Lozione	लोशन
Profumo	इत्र
Rubinetto	नल
Sapone	साबुन
Shampoo	शैम्पू
Specchio	दर्पण
Spugna	स्पंज
Tappeto	गलीचा
Vapore	भाप

Balletto
बैले

Abilità	कौशल
Applauso	वाहवाही
Artistico	कलात्मक
Ballerina	बैले
Ballerini	नर्तकयिों
Compositore	संगीतकार
Coreografia	नृत्यकला
Espressivo	सूचक
Gesto	इशारा
Grazioso	सुंदर
Intensità	तीव्रता
Muscoli	मांसपेशयिों
Musica	संगीत
Orchestra	ऑर्केस्ट्रा
Pratica	अभ्यास
Prova	रहिर्सल
Pubblico	दर्शक
Ritmo	ताल
Stile	शैली
Tecnica	तकनीक

Barbecue
बारबेक्यू

Caldo	गरम
Cena	रात का खाना
Cibo	भोजन
Cipolle	प्याज
Coltelli	चाकू
Estate	गर्मी
Fame	भूख
Famiglia	परवािर
Frutta	फल
Giochi	खेल
Griglia	ग्रलि
Insalate	सलाद
Invito	नमिंत्रण
Musica	संगीत
Pepe	मर्चि
Pollo	चकिन
Pomodori	टमाटर
Pranzo	दोपहर का भोजन
Sale	नमक
Salsa	चटनी

Campeggio
कैम्पगि

Alberi	पेड़
Amaca	झूला
Animali	जानवरों
Avventura	साहसकि
Bussola	दक्सिूचक
Cabina	केबनि
Caccia	शकिार करना
Canoa	डोंगी
Cappello	टोपी
Corda	रस्सी
Divertimento	मज़ा
Foresta	वन
Fuoco	आग
Insetto	कीट
Lago	झील
Luna	चाँद
Mappa	नक्शा
Montagna	पहाड़
Natura	प्रकृति
Tenda	तंबू

Campionato
प्रतयोगिता

Allenatore	कोच
Campionato	चैम्पयिनशपि
Campione	चैंपयिन
Finalista	फाइनल
Giochi	खेल
Giudice	न्यायाधीश
Lega	लीग
Medaglia	पदक
Motivazione	प्रेरणा
Prestazione	प्रदर्शन
Resistenza	सहन
Squadra	टीम
Strategia	रणनीति
Sudore	पसीना
Torneo	टूर्नामेंट
Vittoria	वजिय

Casa
हाउस

Attico	अटारी
Biblioteca	पुस्तकालय
Camera	कक्ष
Camino	चमिनी
Chiavi	कुंजी
Cucina	रसोई
Doccia	बौछार
Finestra	खड़िकी
Garage	गैरेज
Giardino	बगीचा
Lampada	दीपक
Parete	दीवार
Pavimento	तल
Porta	दरवाजा
Recinto	बाड़
Rubinetto	नल
Scopa	झाड़ू
Specchio	दर्पण
Tappeto	गलीचा
Tetto	छत

Castelli
महल

Armatura	कवच
Catapulta	गुलेल
Cavaliere	शूरवीर
Cavallo	घोड़ा
Corona	ताज
Dinastia	राजवंश
Drago	अजगर
Feudale	सामंती
Fortezza	कलि
Fossato	खाई
Impero	साम्राज्य
Nobile	महान
Palazzo	महल
Parete	दीवार
Principe	राजकुमार
Principessa	राजकुमारी
Spada	तलवार
Torre	मीनार
Unicorno	गेंडा

Cibo #1
खाना #1

Aglio	लहसुन
Basilico	तुलसी
Cannella	दालचीनी
Carne	मांरा
Carota	गाजर
Cipolla	प्याज
Fragola	स्ट्रॉबेरी
Insalata	सलाद
Latte	दूध
Limone	नींबू
Menta	पुदीना
Orzo	जौ
Pera	नाशपाती
Rapa	शलजम
Sale	नमक
Spinaci	पालक
Succo	रस
Tonno	टूना
Torta	केक
Zucchero	चीनी

Cibo #2
खाना #2

Banana	केला
Broccolo	ब्रोकोली
Ciliegia	चेरी
Cioccolato	चॉकलेट
Formaggio	पनीर
Fungo	मशरूम
Grano	गेहूँ
Kiwi	कीवी
Mela	सेब
Melanzana	बैंगन
Pane	रोटी
Pesce	मछली
Pollo	चकिन
Pomodoro	टमाटर
Prosciutto	हैम
Riso	चावल
Sedano	अजवाइन
Uovo	अंडा
Uva	अंगूर
Yogurt	दही

Cioccolato
चॉकलेट

Amaro	कड़वा
Antiossidante	एंटीऑक्सीडेंट
Arachidi	मूंगफली
Aroma	सुगंध
Artigianale	कुटीर
Cacao	कोको
Calorie	कैलोरी
Caramella	कैंडी
Delizioso	स्वादषि्ट
Dolce	मठिाई
Esotico	वदिशी
Gusto	स्वाद
Ingrediente	घटक
Noce di Cocco	नारयिल
Polvere	पाउडर
Preferito	प्रयि
Qualità	गुणवत्ता
Ricetta	वधिि
Zucchero	चीनी

Circo
सर्कस

Acrobata	नट
Animali	जानवरों
Biglietto	टकिट
Caramella	कैंडी
Clown	जोकर
Costume	पोशाक
Elefante	हाथी
Giocoliere	बाजीगर
Leone	शेर
Magia	जादू
Mago	जादूगर
Musica	संगीत
Palloncini	गुब्बारे
Parata	परेड
Scimmia	बंदर
Spettacolare	शानदार
Spettatore	दर्शक
Tenda	तंबू
Tigre	बाघ
Trucco	छल

Città
नगर

Aeroporto	हवाई अड्डा
Banca	बैंक
Biblioteca	पुस्तकालय
Cinema	सनिमा
Clinica	क्लनिकि
Farmacia	फार्मेसी
Fiorista	फूलवाला
Galleria	गैलरी
Hotel	होटल
Mercato	बाजार
Museo	संग्रहालय
Negozio	दुकान
Panetteria	बेकरी
Ristorante	भोजनालय
Scuola	स्कूल
Stadio	स्टेडयिम
Supermercato	सुपरमार्केट
Teatro	थएिटर
Università	वशि्ववदि्यालय
Zoo	चड़ियािघर

Commedia
कॉमेडी

Applauso	वाहवाही
Attore	अभनिता
Attrice	अभनित्री
Clown	जोकर
Divertimento	मज़ा
Espressivo	सूचक
Genere	शैली
Improvvisazione	कामचलाऊ
Intelligente	चतुर
Parodia	पैरोडी
Pubblico	दर्शक
Risata	हँसी
Scherzi	चुटकुले
Teatro	थएिटर
Televisione	टेलीवजिन
Umorismo	हास्य

Compleanno
जन्मदनि

Amici	दोस्तों
Anno	वर्ष
Calendario	कैलेंडर
Candele	मोमबत्तयिाँ
Canzone	गीत
Carte	पत्ते
Celebrazione	उत्सव
Divertimento	मज़ा
Felice	खुश
Gioioso	हर्षति
Giorno	दनि
Giovane	युवा
Grande	महान
Inviti	नमिंत्रण
Nato	जन्म
Regalo	उपहार
Saggezza	बुद्धि
Speciale	वशिष
Tempo	समय
Torta	केक

Corpo Umano
मानव शरीर

Bocca	मुँह
Caviglia	टखने
Cervello	दमिाग
Collo	गर्दन
Cuore	दलि
Dito	उंगली
Faccia	चेहरा
Gamba	टांग
Ginocchio	घुटना
Gomito	कोहनी
Mano	हाथ
Mento	ठोड़ी
Naso	नाक
Occhio	आंख
Orecchio	कान
Pelle	त्वचा
Sangue	रक्त
Spalla	कंधा
Stomaco	पेट
Testa	सरि

Cucina
कचिन

Bacchette	चीनी काँटा
Bollitore	केतली
Brocca	जग
Cibo	भोजन
Ciotola	कटोरा
Coltelli	चाकू
Congelatore	फ्रीजर
Cucchiai	चम्मच
Forchette	कांटे
Forno	ओवन
Frigorifero	फ्रजि
Grembiule	एप्रन
Griglia	ग्रलि
Mestolo	करछुल
Ricetta	वधि
Spezie	मसाले
Spugna	स्पंज
Tazze	कप
Tovagliolo	नैपकनि

Danza
नृत्य

Accademia	अकादमी
Arte	कला
Classico	शास्त्रीय
Compagno	साथी
Coreografia	नृत्यकला
Corpo	शरीर
Cultura	संस्कृति
Culturale	सांस्कृतकि
Emozione	भावना
Espressivo	सूचक
Gioioso	हर्षति
Grazia	कृपा
Movimento	गति
Musica	संगीत
Postura	आसन
Prova	रहिर्सल
Ritmo	ताल
Tradizionale	परंपरागत
Visivo	दृश्य

Dinosauri
डायनासोर

Ali	पंख
Carnivoro	मांसाहारी
Coda	पूंछ
Erbivoro	शाकाहारी
Evoluzione	वकिास
Fossili	जीवाश्म
Grande	बड़ा
Mammut	वशिाल
Onnivoro	सर्वभक्षी
Potente	शक्तशिाली
Preda	शकिार
Preistorico	प्रागैतहिासकि
Rapace	रैप्टर
Rettile	सरीसृप
Scomparsa	अंतर्धान
Specie	प्रजातयिां
Taglia	आकार
Terra	पृथ्वी
Vizioso	शातरि

Discipline Scientifiche
वैज्ञानकि अनुशासन

Anatomia	शरीर रचना
Archeologia	पुरातत्व
Astronomia	खगोल वज्ञिान
Biochimica	जीव रसायन
Biologia	जीववज्ञिान
Chimica	रसायन वज्ञिान
Ecologia	पारस्थितिकिी
Fisiologia	फजियिोलॉजी
Geologia	भूवज्ञिान
Immunologia	इम्यूनोलॉजी
Kinesiologia	काइन्सयिोलॉजी
Linguistica	भाषावज्ञिान
Meccanica	यांत्रकिी
Meteorologia	मौसम वज्ञिान
Mineralogia	खनजि वदि्या
Nutrizione	पोषण
Psicologia	मनोवज्ञिान
Robotica	रोबोटक्सि
Sociologia	समाज शास्त्र
Termodinamica	ऊष्मप्रवैगकिी

Ecologia
परस्थितिकिी

Clima	जलवायु
Comunità	समुदाय
Diversità	ववधिता
Fauna	पशु
Globale	वैश्वकि
Marino	समुद्री
Montagne	पहाड़ों
Natura	प्रकृति
Naturale	प्राकृतकि
Palude	दलदल
Piante	पौधे
Risorse	संसाधन
Siccità	सूखा
Sopravvivenza	उत्तरजीवति
Sostenibile	टकिाऊ
Specie	प्रजातयिां
Vegetazione	वनस्पति
Volontari	स्वयंसेवकों

Edifici
इमारतें

Ambasciata	दूतावास
Appartamento	अपार्टमेंट
Cabina	केबनि
Castello	कलि
Cinema	सनिमा
Fabbrica	फैक्टरी
Fienile	खलहिान
Hotel	होटल
Laboratorio	प्रयोगशाला
Museo	संग्रहालय
Ospedale	अस्पताल
Osservatorio	वेधशाला
Ostello	छात्रावास
Scuola	स्कूल
Stadio	स्टेडयिम
Supermercato	सुपरमार्केट
Teatro	थएिटर
Tenda	तंबू
Torre	मीनार
Università	वश्वविद्यालय

Emozioni
भावनाएँ

Amore	प्यार
Beatitudine	परमानंद
Calma	शांत
Gentilezza	दयालुता
Gioia	हर्ष
Grato	आभारी
Imbarazzato	शर्मदिा
Noia	बोरयित
Pace	शांति
Paura	डर
Rabbia	क्रोध
Rilievo	राहत
Simpatia	सहानुभूति
Soddisfatto	संतुष्ट
Sorpresa	आश्चर्य
Tenerezza	कोमलता
Tristezza	उदासी

Erboristeria
हर्बलज़िम

Aglio	लहसुन
Aneto	दलि
Aromatico	खुशबूदार
Basilico	तुलसी
Culinario	पाक
Dragoncello	तारगोन
Finocchio	सौंफ
Fiore	फूल
Giardino	बगीचा
Ingrediente	घटक
Lavanda	लैवेंडर
Maggiorana	कुठरा
Menta	पुदीना
Pianta	पौधा
Prezzemolo	अजमोद
Qualità	गुणवत्ता
Rosmarino	दौनी
Timo	अजवायन
Verde	हरा
Zafferano	केसर

Escursionismo
लंबी पैदल यात्रा

Acqua	पानी
Animali	जानवरों
Campeggio	डेरा डालना
Clima	जलवायु
Guide	गाइड
Mappa	नक्शा
Montagna	पहाड़
Natura	प्रकृति
Orientamento	अभविनि्यास
Parchi	पार्क
Pericoli	खतरों
Pesante	भारी
Pietre	पत्थर
Preparazione	तैयारी
Scogliera	चट्टान
Selvaggio	जंगली
Sole	सूर्य
Stanco	थक गया
Stivali	जूते
Vertice	शखिर सम्मेलन

Esplorazione
अन्वेषण

Animali	जानवरों
Attività	गतविधि
Coraggio	साहस
Culture	संस्कृतयिों
Determinazione	दृढ़ नश्चिय
Eccitazione	उत्साह
Esaurimento	थकावट
Lingua	भाषा
Nuovo	नया
Pericoli	खतरों
Pericoloso	जोखमि
Sconosciuto	अनजान
Scoperta	खोज
Selvaggio	जंगली
Spazio	अंतरक्षि
Terreno	भूभाग
Viaggio	यात्रा

Estate
ग्रीष्म ऋतु

Amici	दोस्तों
Campeggio	डेरा डालना
Casa	घर
Cibo	भोजन
Famiglia	परविार
Giardino	बगीचा
Giochi	खेल
Gioia	हर्ष
Immersione	डाइवगि
Libri	पुस्तकें
Mare	समुद्र
Musica	संगीत
Ricordi	यादें
Rilassamento	वश्रिाम
Sandali	सैंडल
Spiaggia	समुद्र तट
Stelle	सतिारे
Tempo Libero	अवकाश
Vacanza	छुट्टी
Viaggio	यात्रा

Famiglia
परविार

Antenato	पूर्वज
Bambini	बच्चे
Bambino	बच्चा
Cugino	चचेरा भाई
Figlia	बेटी
Fratello	भाई
Infanzia	बचपन
Madre	मां
Marito	पत
Materno	मातृ
Moglie	बीवी
Nipote	भतीजा
Nipote	पोता
Nonna	दादी
Nonno	दादा
Padre	पति
Paterno	पैतृक
Sorella	बहन
Zia	चाची
Zio	चाचा

Fantascienza
कल्पति वज्ञिान

Atomico	परमाणु
Cinema	सनिमा
Distopia	डायस्टोपयाि
Esplosione	वस्फिोट
Estremo	चरम
Fantastico	शानदार
Fuoco	आग
Futuristico	फ्यूचरस्टिकि
Galassia	आकाशगंगा
Illusione	भ्रम
Immaginario	काल्पनकि
Libri	पुस्तकें
Misterioso	रहस्यमय
Mondo	दुनयाि
Oracolo	आकाशवाणी
Pianeta	ग्रह
Realistico	यथार्थवादी
Robot	रोबोट
Tecnologia	प्रौद्योगकिी
Utopia	आदर्शलोक

Fattoria #1
फार्म #1

Acqua	पानी
Agricoltura	कृषि
Ape	मधुमक्खी
Asino	गधा
Campo	खेत
Cane	कुत्ता
Capra	बकरी
Cavallo	घोड़ा
Fertilizzante	उर्वरक
Fieno	घास
Gatto	बिल्ली
Gregge	झुंड
Maiale	सूअर
Miele	शहद
Mucca	गाय
Pollo	चिकन
Recinto	बाड़
Riso	चावल
Semi	बीज
Vitello	बछड़ा

Fattoria #2
फार्म #2

Agnello	मेमना
Agricoltore	किसान
Anatra	बतख
Animali	जानवरों
Cibo	भोजन
Fienile	खलिहान
Frutta	फल
Frutteto	फलोद्यान
Grano	गेहूँ
Irrigazione	सिंचाई
Lama	लामा
Latte	दूध
Mais	मकई
Maturo	पका हुआ
Orzo	जौ
Pastore	चरवाहा
Pecora	भेड़
Prato	घास का मैदान
Trattore	ट्रैक्टर
Verdura	सब्जी

Fiori
फूल

Dente di Leone	डन्डेलिअन
Gardenia	गार्डेनिया
Gelsomino	चमेली
Giglio	लिली
Girasole	सूरजमुखी
Ibisco	हिबिस्कुस
Lavanda	लैवेंडर
Magnolia	मैगनोलिया
Margherita	डेज़ी
Mazzo	गुलदस्ता
Orchidea	आर्किड
Papavero	पोस्ता
Peonia	चपरासी
Petalo	पत्ती
Plumeria	प्लूमेरिया
Rosa	गुलाब
Trifoglio	आनन्द
Tulipano	ट्यूलिप

Foresta Pluviale
वर्षावन

Anfibi	उभयचर
Botanico	वानस्पतिक
Clima	जलवायु
Comunità	समुदाय
Diversità	विविधिता
Giungla	जंगल
Indigeno	स्वदेशी
Insetti	कीड़े
Mammiferi	स्तनधारी
Muschio	काई
Natura	प्रकृति
Nuvole	बादल
Preservazione	संरक्षण
Prezioso	मूल्यवान
Restauro	बहाली
Rifugio	शरण
Rispetto	आदर
Sopravvivenza	उत्तरजीविता
Specie	प्रजातियां
Uccelli	पक्षी

Forme
आकृतियाँ

Angolo	कोने
Arco	चाप
Bordi	किनारों
Cerchio	वृत्त
Cilindro	सिलिंडर
Cono	शंकु
Cubo	घन
Curva	वक्र
Ellisse	दीर्घवृत्त
Lato	पक्ष
Linea	रेखा
Ovale	अंडाकार
Piramide	पिरामिड
Poligono	बहुभुज
Prisma	प्रज़िम
Quadrato	वर्ग
Rettangolo	आयत
Rotondo	गोल
Triangolo	त्रिकोण

Forniture Artistiche
कला की आपूर्ति

Acqua	पानी
Acquerelli	जल रंग
Acrilico	एक्रिलिक
Argilla	मिट्टी
Carta	कागज
Cavalletto	चित्रफलक
Colla	गोंद
Colori	रंग
Creatività	रचनात्मकता
Gomma	रबड़
Idee	विचारों
Inchiostro	स्याही
Matite	पेंसिल
Olio	तेल
Pastelli	पेस्टल
Sedia	कुर्सी
Spazzole	ब्रश
Tavolo	टेबल
Telecamera	कैमरा
Vernici	पेंट

Frutta
फ्रूट

Albicocca	खुबानी
Ananas	अनन्नास
Arancia	नारंगी
Avocado	एवोकाडो
Bacca	बेरी
Banana	केला
Ciliegia	चेरी
Kiwi	कीवी
Lampone	रसभरी
Limone	नींबू
Mango	आम
Mela	सेब
Melone	तरबूज
Mora	ब्लैकबेरी
Nettarina	शफ़तालू
Papaia	पपीता
Pera	नाशपाती
Pesca	आड़ू
Prugna	बेर
Uva	अंगूर

Gatti
बल्ली की

Affettuoso	स्नेही
Cacciatore	शकिारी
Coda	पूंछ
Curioso	जज्ञिासु
Dormire	नींद
Filo	धागा
Giocoso	चंचल
Indipendente	स्वतंत्र
Pazzo	पागल
Pelliccia	फर
Personalità	व्यक्तत्वि
Poco	थोड़ा
Selvaggio	जंगली
Timido	शर्मीला
Topo	चूहा
Veloce	तेज
Zampa	पंजा

Gentilezza
दयालुता

Affettuoso	स्नेही
Affidabile	वश्विसनीय
Amichevole	अनुकूल
Amorevole	प्यार
Attento	चौकस
Compassionevol e	दयालु
Comprensione	समझ
Felice	खुश
Generoso	उदार
Genuino	वास्तवकि
Onesto	ईमानदार
Ospitale	मेहमाननवाज
Paziente	रोगी
Ricettivo	ग्रहणशील
Rispettoso	वनिीत
Tollerante	सहनशील
Utile	उपयोगी

Geografia
भूगोल

Altitudine	ऊंचाई
Atlante	एटलस
Città	शहर
Continente	महाद्वीप
Emisfero	गोलार्ध
Fiume	नदी
Isola	द्वीप
Latitudine	अक्षांश
Longitudine	देशान्तर
Mappa	नक्शा
Mare	समुद्र
Meridiano	मध्याह्न
Mondo	दुनयिा
Montagna	पहाड़
Nord	उत्तर
Oceano	सागर
Ovest	पश्चमि
Paese	देश
Sud	दक्षणि
Territorio	क्षेत्र

Geologia
भूवज्ञिान

Acido	एसडि
Altopiano	पठार
Calcio	कैल्शयिम
Caverna	गुफा
Continente	महाद्वीप
Corallo	मूंगा
Cristalli	क्रस्टिल
Erosione	कटाव
Fossile	जीवाश्म
Fuso	पघिला हुआ
Lava	लावा
Minerali	खनजि
Pietra	पत्थर
Quarzo	क्वार्ट्ज
Sale	नमक
Stalattite	स्टैलेक्टटि
Strato	परत
Terremoto	भूकंप
Vulcano	ज्वालामुखी
Zona	क्षेत्र

Giardino
बगीचा

Albero	पेड़
Amaca	झूला
Cespuglio	बुश
Erba	घास
Erbacce	मातम
Fiore	फूल
Frutteto	फलोद्यान
Garage	गैरेज
Giardino	बगीचा
Pala	फावड़ा
Panca	बेंच
Portico	बरामदा
Prato	लॉन
Rastrello	रेक
Recinto	बाड़
Stagno	तालाब
Terrazza	छत
Trampolino	ट्रेम्पोलनि
Tubo	नली
Vite	बेल

Giocattoli
खलिौने

Aereo	वमिान
Aquilone	पतंग
Argilla	मट्टिी
Artigianato	शलि्प
Auto	कार
Bambola	गुड़यिा
Barca	नाव
Batteria	ड्रम
Bicicletta	साइकलि
Camion	ट्रक
Giochi	खेल
Immaginazione	कल्पना
Libri	पुस्तकें
Palla	गेंद
Preferito	प्रयि
Puzzle	पहेली
Robot	रोबोट
Scacchi	शतरंज
Treno	ट्रेन
Vernici	पेंट

Giorni e Mesi
दनि और महीने

Agosto	अगस्त
Anno	वर्ष
Aprile	अप्रैल
Calendario	कैलेंडर
Dicembre	दसिंबर
Domenica	रवविार
Febbraio	फरवरी
Gennaio	जनवरी
Giugno	जून
Luglio	जुलाई
Lunedì	सोमवार
Martedì	मंगलवार
Mercoledì	बुधवार
Mese	महीना
Novembre	नवंबर
Ottobre	अक्टूबर
Sabato	शनविार
Settembre	सतिंबर
Settimana	सप्ताह
Venerdì	शुक्रवार

Guida
ड्राइवगि

Auto	कार
Autobus	बस
Carburante	ईंधन
Freni	ब्रेक
Garage	गैरेज
Gas	गैस
Incidente	दुर्घटना
Licenza	लाइसेंस
Mappa	नक्शा
Moto	मोटरसाइकलि
Motore	मोटर
Pedonale	पैदल यात्री
Pericolo	खतरा
Polizia	पुलसि
Sicurezza	सुरक्षा
Strada	सड़क
Traffico	यातायात
Trasporto	परविहन
Tunnel	सुरंग
Velocità	गतमि

Imbarcazioni
नौकाएँ

Albero	मस्तूल
Ancora	लंगर
Barca a Vela	सेलबोट
Boa	बोया
Canoa	डोंगी
Corda	रस्सी
Dock	गोदी
Equipaggio	क्रू
Fiume	नदी
Kayak	कश्ती
Lago	झील
Mare	समुद्र
Marea	ज्वार
Marinaio	नावकि
Motore	इंजन
Nautico	समुद्री
Oceano	सागर
Onde	लहरें
Yacht	नौका
Zattera	बेड़ा

Insetti
कीड़े

Afide	एफडि
Ape	मधुमक्खी
Cavalletta	टड्डिी
Cicala	सकिाडा
Coccinella	भंडिी
Coleottero	भृंग
Falena	कीट
Farfalla	ततिली
Formica	चींटी
Larva	लार्वा
Libellula	ड्रैगनफ्लाई
Moscerino	कुटकी
Pulce	पस्सिू
Scarafaggio	तलिचट्टा
Termite	दीमक
Verme	कीड़ा
Vespa	ततैया
Zanzara	मच्छर

Letteratura
साहत्यि

Analisi	वश्लिेषण
Analogia	समानता
Aneddoto	कस्सिा
Autore	लेखक
Biografia	जीवनी
Conclusione	नष्किर्ष
Confronto	तुलना
Critica	आलोचना
Descrizione	ववि‌रण
Dialogo	संवाद
Metafora	रूपक
Opinione	राय
Poesia	कवतिा
Poetico	काव्यात्मक
Rima	तुक
Ritmo	ताल
Romanzo	उपन्यास
Stile	शैली
Tema	वषिय
Tragedia	त्रासदी

Libri
पुस्तकें

Autore	लेखक
Avventura	साहसकि
Collezione	संग्रह
Contesto	संदर्भ
Dualità	द्वंद्व
Epico	महाकाव्य
Inventivo	आवष्किारशील
Letterario	साहत्यिकि
Lettore	पाठक
Narratore	कथावाचक
Pagina	पृष्ठ
Poesia	कवता
Rilevante	प्रासंगकि
Romanzo	उपन्यास
Scritto	लखिति
Serie	शृंखला
Storia	कहानी
Storico	ऐतहिासकि
Tragico	दुखद
Umoristico	वनिोदी

Mammiferi
स्तनधारी

Balena	व्हेल
Cane	कुत्ता
Canguro	कंगारू
Cavallo	घोड़ा
Cervo	हरिण
Coniglio	खरगोश
Coyote	कोयोट
Delfino	डॉल्फनि
Elefante	हाथी
Gatto	बल्लिी
Giraffa	जरिाफ़
Gorilla	गोरल्लिा
Leone	शेर
Lupo	भेड़यि
Orso	भालू
Pecora	भेड़
Scimmia	बंदर
Toro	बुल
Volpe	लोमड़ी
Zebra	ज़ेबरा

Matematica
गणति

Angoli	कोण
Aritmetica	अंकगणति
Circonferenza	परधि
Decimale	दशमलव
Diametro	व्यास
Divisione	वभिाजन
Equazione	समीकरण
Esponente	प्रतपिादक
Frazione	अंश
Geometria	ज्यामति
Parallelo	समानांतर
Perpendicolare	सीधा
Poligono	बहुभुज
Quadrato	वर्ग
Raggio	त्रज्यिा
Rettangolo	आयत
Simmetria	समरूपता
Somma	योग
Triangolo	त्रकिोण
Volume	आयतन

Meditazione
ध्यान

Accettazione	स्वीकृति
Attenzione	ध्यान
Calma	शांत
Chiarezza	स्पष्टता
Compassione	दया
Emozioni	भावनाएँ
Gentilezza	दयालुता
Gratitudine	कृतज्ञता
Mentale	मानसकि
Mente	मन
Movimento	गत
Musica	संगीत
Natura	प्रकृत
Osservazione	अवलोकन
Pace	शांत
Pensieri	वचिार
Postura	आसन
Prospettiva	परप्रिेक्ष्य
Respirazione	श्वास
Silenzio	मौन

Meteo
मौसम

Arcobaleno	इंद्रधनुष
Asciutto	सूखा
Atmosfera	वायुमंडल
Calma	शांत
Cielo	आकाश
Clima	जलवायु
Fulmine	बजिली
Ghiaccio	बर्फ
Monsone	मानसून
Nebbia	कोहरा
Nube	बादल
Polare	ध्रुवीय
Temperatura	तापमान
Tempesta	आंधी
Tornado	बवंडर
Tropicale	उष्णकटबिंधीय
Tuono	गरज
Umido	नम
Uragano	तूफान
Vento	हवा

Misurazioni
मापन

Altezza	ऊंचाई
Byte	बाइट
Centimetro	सेंटीमीटर
Chilogrammo	कलिोग्राम
Chilometro	कलिोमीटर
Decimale	दशमलव
Grado	डग्रिी
Grammo	ग्राम
Larghezza	चौड़ाई
Litro	लीटर
Lunghezza	लंबाई
Massa	मास
Metro	मीटर
Minuto	मनिट
Oncia	औंस
Peso	वजन
Pollice	इंच
Profondità	गहराई
Tonnellata	टन
Volume	आयतन

Mitologia
पौराणकि कथाएं

Archetipo	मूलरूप आदर्श
Comportamento	व्यवहार
Creatura	जंतु
Creazione	सृजन
Cultura	संस्कृति
Disastro	आपदा
Divinità	देवता
Eroe	नायक
Forza	ताकत
Fulmine	बजिली
Gelosia	ईर्ष्या
Guerriero	योद्धा
Immortalità	अमरता
Labirinto	भूलभुलैया
Leggenda	दंतकथा
Magico	जादुई
Mortale	नश्वर
Mostro	राक्षस
Tuono	गरज
Vendetta	बदला

Natura
प्रकृति

Animali	जानवरों
Api	मधुमक्खियों
Artico	आर्कटकि
Bellezza	सुंदरता
Deserto	रेगिस्तान
Dinamico	गतशील
Erosione	कटाव
Fiume	नदी
Fogliame	पत्ते
Foresta	वन
Ghiacciaio	ग्लेशियर
Montagne	पहाड़ों
Nebbia	कोहरा
Nuvole	बादल
Rifugio	आश्रय
Santuario	अभयारण्य
Selvaggio	जंगली
Sereno	नर्मिल
Tropicale	उष्णकटबिंधीय
Vitale	महत्वपूर्ण

Numeri
संख्याएँ

Cinque	पांच
Decimale	दशमलव
Diciannove	उन्नीस
Diciassette	सत्रह
Diciotto	अठारह
Dieci	दस
Dodici	बारह
Due	दो
Nove	नौ
Otto	आठ
Quattordici	चौदह
Quattro	चार
Quindici	पंद्रह
Sedici	सोलह
Sei	छह
Sette	सात
Tre	तीन
Tredici	तेरह
Venti	बीस
Zero	शून्य

Nutrizione
पोषाहार

Amaro	कड़वा
Appetito	भूख
Bilanciato	संतुलति
Calorie	कैलोरी
Commestibile	खाद्य
Dieta	आहार
Digestione	पाचन
Fermentazione	कण्विन
Gusto	स्वाद
Liquidi	तरल पदार्थ
Nutriente	पुष्टकिर
Peso	वजन
Proteine	प्रोटीन
Qualità	गुणवत्ता
Salsa	चटनी
Salute	स्वास्थ्य
Sano	स्वस्थ
Spezie	मसाले
Tossina	वषि
Vitamina	वटिामनि

Oceano
सागर

Alghe	शैवाल
Balena	व्हेल
Barca	नाव
Corallo	मूंगा
Delfino	डॉल्फनि
Gamberetto	झींगा
Granchio	केकड़ा
Maree	ज्वार
Medusa	जेलफ़िशि
Onde	लहरें
Ostrica	सीप
Pesce	मछली
Polpo	ऑक्टोपस
Sale	नमक
Scogliera	चट्टान
Spugna	स्पंज
Squalo	शार्क
Tartaruga	कछुआ
Tempesta	आंधी
Tonno	टूना

Paesaggi
लैंडस्केप

Cascata	झरना
Collina	पहाड़ी
Deserto	रेगिस्तान
Dune	टब्बिा
Fiume	नदी
Ghiacciaio	ग्लेशियर
Grotta	गुफा
Iceberg	हमिखंड
Isola	द्वीप
Lago	झील
Mare	समुद्र
Montagna	पहाड़
Oasi	मरूद्यान
Oceano	सागर
Palude	दलदल
Penisola	प्रायद्वीप
Spiaggia	समुद्र तट
Tundra	टुंड्रा
Valle	घाटी
Vulcano	ज्वालामुखी

Paesi #2
देशों #2

Albania	अल्बानयिा
Danimarca	डेनमार्क
Etiopia	इथयिोपयिा
Giamaica	जमैका
Giappone	जापान
Grecia	यूनान
Haiti	हैती
Indonesia	इंडोनेशयिा
Irlanda	आयरलैंड
Laos	लाओस
Liberia	लाइबेरयिा
Messico	मेक्सकिो
Nepal	नेपाल
Nigeria	नाइजीरयिा
Pakistan	पाकस्तिान
Russia	रूस
Siria	सीरयिा
Sudan	सूडान
Ucraina	यूक्रेन
Uganda	युगांडा

Pesca
फशिगि

Acqua	पानी
Attrezzatura	उपकरण
Barca	नाव
Branchie	गलि्स
Cesto	टोकरी
Cucinare	रसोइया
Esagerazione	अतशियोक्ता
Esca	चारा
Filo	तार
Fiume	नदी
Gancio	हुक
Lago	झील
Mascella	जबड़ा
Oceano	सागर
Pazienza	धैर्य
Peso	वजन
Pinne	पंख
Spiaggia	समुद्र तट
Stagione	ऋतु

Piante
पौधे

Albero	पेड़
Bacca	बेरी
Bambù	बांस
Cactus	कैक्टस
Cespuglio	बुश
Crescere	बढ़ना
Edera	आइवी
Erba	घास
Fagiolo	सेम
Fertilizzante	उर्वरक
Fiore	फूल
Foglia	पत्ता
Fogliame	पत्ते
Foresta	वन
Giardino	बगीचा
Muschio	काई
Petalo	पत्ती
Radice	जड़
Sole	सूर्य
Vegetazione	वनस्पता

Pirati
समुद्री लुटेरे

Ancora	लंगर
Avventura	साहसकि
Bandiera	झंडा
Bussola	दकि्सूचक
Capitano	कप्तान
Cattivo	बुरा
Cicatrice	नशिान
Equipaggio	क्रू
Grotta	गुफा
Isola	द्वीप
Leggenda	दंतकथा
Mappa	नक्शा
Monete	सक्किे
Oro	सोना
Pappagallo	तोता
Pericolo	खतरा
Rum	रम
Spada	तलवार
Spiaggia	समुद्र तट
Tesoro	खजाना

Professioni #1
व्यवसाय #1

Allenatore	कोच
Ambasciatore	राजदूत
Artista	कलाकार
Astronomo	खगोल वज्ञिानी
Avvocato	वकील
Ballerino	नर्तकी
Banchiere	बैंकर
Cacciatore	शकिारी
Cartografo	मानचत्रिकार
Editore	संपादक
Farmacista	औषधकारक
Geologo	भूवज्ञिानी
Gioielliere	जौहरी
Idraulico	नलसाज़
Infermiera	नर्स
Musicista	संगीतकार
Pianista	पयिानोवादक
Psicologo	मनोवैज्ञानकि
Scienziato	वैज्ञानकि
Veterinario	पशु चकित्सिक

Professioni #2
व्यवसाय #2

Bibliotecario	लाइब्रेरयिन
Biologo	जीववज्ञिानी
Chirurgo	सर्जन
Dentista	दंत चकित्सिक
Detective	जासूस
Filosofo	दार्शनकि
Fotografo	फोटोग्राफर
Giardiniere	माली
Giornalista	पत्रकार
Illustratore	इलस्ट्रेटर
Ingegnere	इंजीनयिर
Insegnante	शक्षिक
Inventore	आवष्किारक
Investigatore	अन्वेषक
Linguista	बहुभाषी
Medico	चकित्सिक
Pilota	पायलट
Pittore	चत्रिकार
Ricercatore	शोधकर्ता
Zoologo	जूलॉजस्टि

Riempire
भरने के लिए

Bacino	घाटी
Barile	बैरल
Borsa	थैला
Bottiglia	बोतल
Busta	लफिाफा
Cartella	फ़ोल्डर
Cartone	कार्टन
Cassa	टोकरा
Cassetto	दराज
Cesto	टोकरी
Pacchetto	पैकेट
Scatola	बॉक्स
Secchio	बाल्टी
Tasca	जेब
Tubo	ट्यूब
Valigia	सूटकेस
Vasca	टब
Vaso	फूलदान
Vassoio	ट्रे

Ristorante #1
रेस्टोरेंट #1

Allergia	एलर्जी
Caffè	कॉफ़ी
Cameriera	वेट्रेस
Carne	मांस
Cassiere	खजांची
Cibo	भोजन
Ciotola	कटोरा
Coltello	चाकू
Cucina	रसोई
Dessert	मठिाई
Ingredienti	सामग्री
Menù	मेन्यू
Pane	रोटी
Piatto	प्लेट
Piccante	मसालेदार
Pollo	चकिन
Prenotazione	आरक्षण
Salsa	चटनी
Tovagliolo	नैपकनि

Ristorante #2
रेस्टोरेंट #2

Acqua	पानी
Aperitivo	क्षुधावर्धक
Bevanda	पेय
Cameriere	वेटर
Cena	रात का खाना
Cucchiaio	चम्मच
Delizioso	स्वादष्टि
Forchetta	कांटा
Frutta	फल
Ghiaccio	बर्फ
Insalata	सलाद
Minestra	सूप
Pesce	मछली
Pranzo	दोपहर का भोजन
Sale	नमक
Sedia	कुर्सी
Spezie	मसाले
Torta	केक
Uova	अंडे
Verdure	सब्जयिां

Scacchi
शतरंज

Avversario	वरिोधी
Bianco	सफेद
Campione	चैंपयिन
Concorso	प्रतयिोगतिा
Diagonale	वकिर्ण
Giocatore	खलिाड़ी
Gioco	खेल
Intelligente	चतुर
Nero	काला
Passivo	नष्क्रयि
Punti	अंक
Re	राजा
Regina	रानी
Regole	नयिम
Sacrificio	बलदिान
Sfide	चुनौतयिां
Strategia	रणनीत
Tempo	समय
Torneo	टूर्नामेंट

Scienza
वज्ञान

Atomo	परमाणु
Chimico	रासायनकि
Clima	जलवायु
Dati	डेटा
Esperimento	प्रयोग
Evoluzione	वकिास
Fatto	तथ्य
Fisica	भौतकि वज्ञान
Fossile	जीवाश्म
Gravità	गुरुत्वाकर्षण
Ipotesi	परकिल्पना
Laboratorio	प्रयोगशाला
Metodo	तरीका
Minerali	खनजि
Molecole	अणुओं
Natura	प्रकृत
Organismo	जीव
Osservazione	अवलोकन
Particelle	कण
Scienziato	वैज्ञानकि

Scuola #1
स्कूल #1

Alfabeto	वर्णमाला
Amici	दोस्तों
Aula	कक्षा
Biblioteca	पुस्तकालय
Carta	कागज
Cartelle	फ़ोल्डर
Divertimento	मज़ा
Esami	परीक्षा
Insegnante	शक्षिक
Libri	पुस्तकें
Matematica	गणति
Matita	पेंसलि
Numeri	संख्याएँ
Penne	कलम
Pranzo	दोपहर का भोजन
Quiz	प्रश्नोत्तरी
Risposte	जवाब
Scrivania	डेस्क
Sedia	कुर्सी

Scuola #2
सकूल #2

Accademico	शैक्षकि
Autobus	बस
Biblioteca	पुस्तकालय
Calendario	कैलेंडर
Carta	कागज
Computer	संगणक
Dizionario	शब्दकोश
Educazione	शक्षिा
Forbici	कैंची
Giochi	खेल
Grammatica	व्याकरण
Insegnante	शक्षिक
Letteratura	साहत्यि
Lettura	पढ़ना
Libri	पुस्तकें
Matematica	गणति
Matita	पेंसलि
Scarpe	जूते
Scienza	वज्ञिान
Zaino	बैग

Spezie
मसाले

Acido	खट्टा
Aglio	लहसुन
Amaro	कड़वा
Cannella	दालचीनी
Cardamomo	इलायची
Cipolla	प्याज
Coriandolo	धनयिा
Cumino	जीरा
Curcuma	हल्दी
Curry	करी
Dolce	मठिाई
Finocchio	सौंफ
Gusto	स्वाद
Liquirizia	नद्यपान
Noce Moscata	जायफल
Pepe	मर्चि
Sale	नमक
Vaniglia	वनीला
Zafferano	केसर
Zenzero	अदरक

Spiaggia
समुद्र तट

Asciugamano	तौलयिा
Barca	नाव
Barca a Vela	सेलबोट
Blu	नीला
Costa	तट
Dock	गोदी
Granchio	केकड़ा
Isola	द्वीप
Laguna	लैगून
Mare	समुद्र
Oceano	सागर
Ombrello	छाता
Sabbia	रेत
Sandali	सैंडल
Scogliera	चट्टान
Sole	सूर्य
Vacanza	छुट्टी

Sport
स्पोर्ट्स

Allenatore	कोच
Arbitro	रेफरी
Baseball	बेसबॉल
Basket	बास्केटबॉल
Bicicletta	साइकलि
Campionato	चैम्पयिनशपि
Ginnastica	जमिनास्टकि
Giocatore	खलिाड़ी
Gioco	खेल
Golf	गोल्फ
Hockey	हॉकी
Movimento	गतिं
Palestra	व्यायामशाला
Squadra	टीम
Stadio	स्टेडयिम
Tennis	टेनसि
Vincitore	वजिेता

Strumenti Musicali
संगीत वाद्ययंत्र

Arpa	वीणा
Banjo	बैंजो
Carillon	झंकार
Chitarra	गटिार
Clarinetto	शहनाई
Fagotto	बासून
Flauto	बांसुरी
Gong	घंटा
Mandolino	मैंडोलनि
Percussione	टक्कर
Pianoforte	पयिानो
Sassofono	सैक्सोफोन
Tamburello	डफ
Tamburo	ढोल
Tromba	तुरही
Violino	वायलनि
Violoncello	वायलनचेलो

Strumenti di Cottura
खाना पकाने के उपकरण

Bollitore	केतली
Colino	कोलंडर
Coltello	चाकू
Coperchio	ढक्कन
Cucchiaio	चम्मच
Filtro	छन्नी
Forbici	कैंची
Forchetta	कांटा
Forno	ओवन
Frigorifero	फ्रजि
Grattugia	पसिाई यंत्र
Posate	कटलरी
Spatola	रंग
Spremiagrumi	जूसर
Stufa	स्टोव
Termometro	थर्मामीटर
Tostapane	टोस्टर

Surf
सर्फ़िंग

Atleta	खलिाड़ी
Campione	चैंपयिन
Divertimento	मज़ा
Estremo	चरम
Folla	भीड़
Forza	ताकत
Meteo	मौसम
Oceano	सागर
Onda	लहर
Popolare	लोकप्रयि
Principiante	शुरुआत
Schiuma	फोम
Scogliera	चट्टान
Spiaggia	समुद्र तट
Stile	शैली
Stomaco	पेट
Velocità	गत‍ि

Tecnologia
प्रौद्योगिकी

Blog	ब्लॉग
Browser	ब्राउज़र
Byte	बाइट्स
Computer	संगणक
Cursore	कर्सर
Dati	डेटा
Digitale	डजिटिल
File	फ़ाइल
Font	फ़ॉन्ट
Internet	इंटरनेट
Messaggio	संदेश
Ricerca	अनुसंधान
Schermo	स्क्रीन
Sicurezza	सुरक्षा
Software	सॉफ़्टवेयर
Statistiche	सांख्यकिी
Telecamera	कैमरा
Virtuale	आभासी
Virus	वाइरस

Tempo
टाइम

Anno	वर्ष
Annuale	वार्षकि
Calendario	कैलेंडर
Decennio	दशक
Dopo	के बाद
Futuro	भवषि्य
Giorno	दनि
Ieri	कल
Mattina	सुबह
Mese	महीना
Mezzogiorno	दोपहर
Minuto	मनिट
Momento	पल
Notte	रात
Oggi	आज
Ora	घंटा
Orologio	घड़ी
Prima	इससे पहले
Secolo	सदी
Settimana	सप्ताह

Tipi di Capelli
बालों के प्रकार

Argento	चाँदी
Asciutto	सूखा
Bianco	सफेद
Biondo	गोरा
Breve	कम
Calvo	गंजा
Colorato	रंगीन
Grigio	धूसर
Intrecciato	लट
Liscio	चकिना
Lungo	लंबा
Marrone	भूरा
Morbido	नरम
Nero	काला
Ondulato	लहराती
Riccio	घुंघराले
Riccioli	कर्ल
Sano	स्वस्थ
Sottile	पतला
Spessore	मोटा

Uccelli
पक्षयिों

Airone	बगुला
Anatra	बतख
Aquila	ईगल
Cicogna	सारस
Cigno	हंस
Cuculo	कोयल
Falco	बाज़
Fenicottero	राजहंस
Gabbiano	मूर्ख मनुष्य
Gufo	उल्लू
Pappagallo	तोता
Passero	गौरैया
Pavone	मोर
Pellicano	हवासील
Piccione	कबूतर
Pinguino	पेंगुइन
Pollo	चकिन
Struzzo	शुतुरमुर्ग
Tucano	टूकेन
Uovo	अंडा

Vacanze #2
अवकाश #2

Aeroporto	हवाई अड्डा
Campeggio	डेरा डालना
Destinazione	गंतव्य
Foto	तस्वीरें
Hotel	होटल
Isola	द्वीप
Mappa	नक्शा
Mare	समुद्र
Passaporto	पासपोर्ट
Ristorante	भोजनालय
Spiaggia	समुद्र तट
Straniero	वदिशी
Taxi	टैक्सी
Tempo Libero	अवकाश
Tenda	तंबू
Trasporto	परविहन
Treno	ट्रेन
Vacanza	छुट्टी
Viaggio	यात्रा
Visto	वीजा

Veicoli
वाहन

Aereo	वमिान
Ambulanza	रोगी वाहन
Auto	कार
Autobus	बस
Barca	नाव
Bicicletta	साइकलि
Camion	ट्रक
Caravan	कारवां
Elicottero	हेलीकॉप्टर
Metropolitana	भूमगित मार्ग
Motore	मोटर
Pneumatici	टायर
Razzo	रॉकेट
Scooter	स्कूटर
Sottomarino	पनडुब्बी
Taxi	टैक्सी
Traghetto	नौका
Trattore	ट्रैक्टर
Treno	ट्रेन
Zattera	बेड़ा

Verdure
सब्जयिां

Aglio	लहसुन
Broccolo	ब्रोकोली
Carciofo	हाथी चक
Carota	गाजर
Cetriolo	खीरा
Cipolla	प्याज
Fungo	मशरूम
Insalata	सलाद
Melanzana	बैंगन
Oliva	जैतून
Patata	आलू
Pisello	मटर
Pomodoro	टमाटर
Prezzemolo	अजमोद
Rapa	शलजम
Ravanello	मूली
Sedano	अजवाइन
Spinaci	पालक
Zenzero	अदरक
Zucca	कद्दू

Vestiti
कपडे

Abito	पोशाक
Braccialetto	कंगन
Camicetta	ब्लाउज
Camicia	कमीज
Cappello	टोपी
Cappotto	कोट
Cintura	बेल्ट
Collana	हार
Giacca	जैकेट
Gonna	स्कर्ट
Grembiule	एप्रन
Guanti	दस्ताने
Jeans	जीन्स
Maglione	स्वेटर
Moda	फैशन
Pantaloni	पैंट
Pigiama	पाजामा
Sandali	सैंडल
Scarpa	जूता
Sciarpa	दुपट्टा

Virtù #1
गुण #1

Affascinante	आकर्षक
Affidabile	वश्विसनीय
Appassionato	भावुक
Artistico	कलात्मक
Buono	अच्छा
Curioso	जज्ञिासु
Decisivo	नर्णिायक
Efficiente	कुशल
Generoso	उदार
Indipendente	स्वतंत्र
Intelligente	बुद्धमिान
Modesto	मामूली
Paziente	रोगी
Pratico	व्यावहारकि
Pulito	स्वच्छ
Saggio	ढंग
Utile	उपयोगी

Congratulazioni

Ce l'hai fatta!

Speriamo che questo libro vi sia piaciuto tanto quanto a noi è piaciuto concepirlo. Ci sforziamo di creare libri della più alta qualità possibile.
Questa edizione è progettata per fornire un apprendimento intelligente, di qualità e divertente!

Le è piaciuto questo libro?

Una Semplice Richiesta

Questi libri esistono grazie alle recensioni che pubblicate.

Puoi aiutarci lasciando una recensione
ora a questo link ?

BestBooksActivity.com/Recensioni50

SFIDA FINALE!

Sfida n°1

Sei pronto per il tuo gioco gratuito? Li usiamo sempre, ma non sono così facili da trovare - ecco i **Sinonimi!**
Scrivi 5 parole che hai trovato nei puzzle (n° 21, n° 36, n° 76) e prova a trovare 2 sinonimi per ogni parola.

Scrivi 5 parole del **Puzzle 21**

Parole	Sinonimo 1	Sinonimo 2

Scrivi 5 parole del **Puzzle 36**

Parole	Sinonimo 1	Sinonimo 2

Scrivi 5 parole del **Puzzle 76**

Parole	Sinonimo 1	Sinonimo 2

Sfida n°2

Ora che ti sei riscaldato, scrivi 5 parole che hai trovato nei puzzle n° 9, n° 17 e n° 25 e cerca di trovare 2 contrari per ogni parola. Quanti ne puoi trovare in 20 minuti?

Scrivi 5 parole del **Puzzle 9**

Parole	Antonimo 1	Antonimo 2

Scrivi 5 parole del **Puzzle 17**

Parole	Antonimo 1	Antonimo 2

Scrivi 5 parole del **Puzzle 25**

Parole	Antonimo 1	Antonimo 2

Sfida n°3

Grande! Questa sfida non è niente per te!

Pronto per la sfida finale? Scegli 10 parole che hai scoperto nei diversi puzzle e scrivile qui sotto.

1.	6.
2.	7.
3.	8.
4.	9.
5.	10.

Ora scrivi un testo pensando a una persona, un animale o un luogo che ti piace.

Puoi usare l'ultima pagina di questo libro come bozza.

La tua composizione:

TACCUINO:

A PRESTO!

Tutta la Squadra